Moira Butterfield

SPORT-EVENTS
AB AUF DIE BÜHNE!
GRÜNES ROM
SHOPPINGTOUR
PARTY TIME
ROMS GESPENSTER
WIE GRUSELIG!
KÖSTLICHES ROM
STEINERNE ZEUGEN
ROMS MODE
SELTSAME WESEN
AUF KAISERLICHEN SPUREN WANDELN
DER HEILIGE WEG
AUSBLICKE
MIR NACH!
UNTERIRDISCH
GENIALE GEBÄUDE
NASSES ROM
ANDIAMO!

Hi... wir sind Amelia und Marco und wir schlagen dir 19 geniale Touren vor.

Die Sticker auf dem Stadtplan markieren die Ausgangspunkte. Wir garantieren dir, dass du auf jeder Tour ein paar spannende Geheimnisse der Stadt kennenlernen wirst. Die vielen coolen Fakten werden dich einfach umhauen. Egal, ob du nun ein Schleckermaul, ein Sportfan oder ein Filmexperte bist!

INHALT

SEITENZAHL

AUF KAISERLICHEN SPUREN WANDELN

Rom hat so viel Geschichte zu bieten, dass sich der Spaziergang durch die Stadt wie eine Zeitreise anfühlt. Wie wär's, wenn du mit deinem Romabenteuer vor 2500 Jahren beginnst, auf dem Forum Romanum, dem Zentrum des antiken Roms? Das Römische Imperium herrschte mehrere hundert Jahre über große Teile Europas, des Nahen Ostens und Nordafrikas. Im 5. Jh. n. Chr. fiel die Stadt dann in die Hände ihrer Feinde.

DIE RUHMESSTRASSE

VIA SACRA

Diese Straße führt durch das Forum Romanum. Sie ist von Tempelruinen und den Überresten anderer bedeutender antiker Gebäude gesäumt. Die Gehwegplatten haben 2500 Jahre überdauert, sodass du noch heute den Fußstapfen der alten Römer folgen kannst. Wenn römische Generäle eine große Schlacht gewonnen hatten, durften manche an der Spitze eines Triumphzugs über die Via Sacra marschieren und den Schaulustigen die Schätze, die sie erbeutet hatten, präsentieren – zusammen mit in Ketten gelegten Gefangenen.

EIN RIESENSTEIN

TITUSBOGEN

Der Titusbogen ist ein Triumphbogen, der gebaut wurde, um militärische Siege zu feiern. Dargestellt sind römische Soldaten, die zur Parade aufziehen und Kostbarkeiten zeigen, die sie im 1. Jh. nach Christus im jüdischen Königreich Judäa erbeutet hatten. In Rom herrschte damals Kaiser Titus, und der Bogen ist eine Art gigantische steinerne Werbetafel für dessen Großartigkeit.

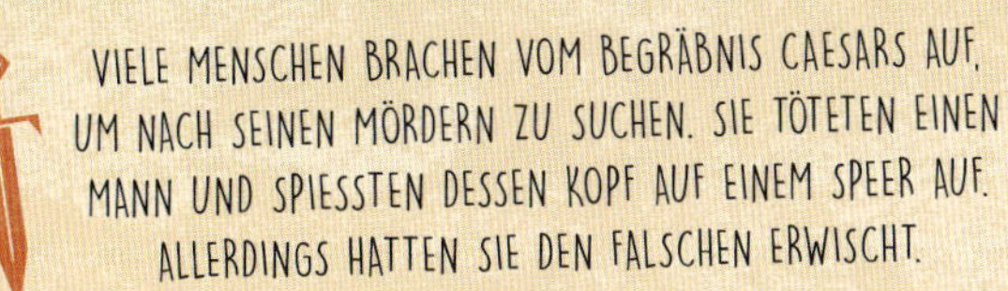

SEI GEGRÜSST, CAESAR!

TEMPEL DES JULIUS CAESAR

Nachdem Julius Caesar, der Herrscher im antiken Rom, 44 v. Chr. von seinen Feinden erdolcht worden war, wurden seine sterblichen Überreste hier, wo heute der Tempel steht, auf einem Scheiterhaufen verbrannt. Soldaten warfen Waffen in die Flammen, um ihrem toten Führer die letzte Ehre zu erweisen, Frauen beförderten Schmuck hinein und ein paar Leute zerrissen ihre Kleidung und warfen die Fetzen ins Feuer. Nach seinem Tod wurde Caesar zum Gott erklärt, dort, wo er verbrannt wurde, errichtete man zu seinen Ehren einen Tempel.

TEMPEL DES JULIUS CAESAR

DIE HERRSCHER ROMS

DIE KURIE

Die Senatoren, wie Polit-Promis damals genannt wurden, diskutierten in einem Gebäude namens Kurie (Curia Iulia) über die Gesetze Roms. Sie waren leicht an ihrer Tunika mit dem breiten lilafarbenen Streifen und den schicken roten Stiefeln zu erkennen. Senatoren hatten Macht, lebten aber auch gefährlich – mancher, der Roms Kaiser widersprach, musste das mit seinem Leben bezahlen! Die heutigen Senatoren in Ländern wie den USA, Belgien und Frankreich verdanken ihre Bezeichnung diesen alten römischen Gouverneuren.

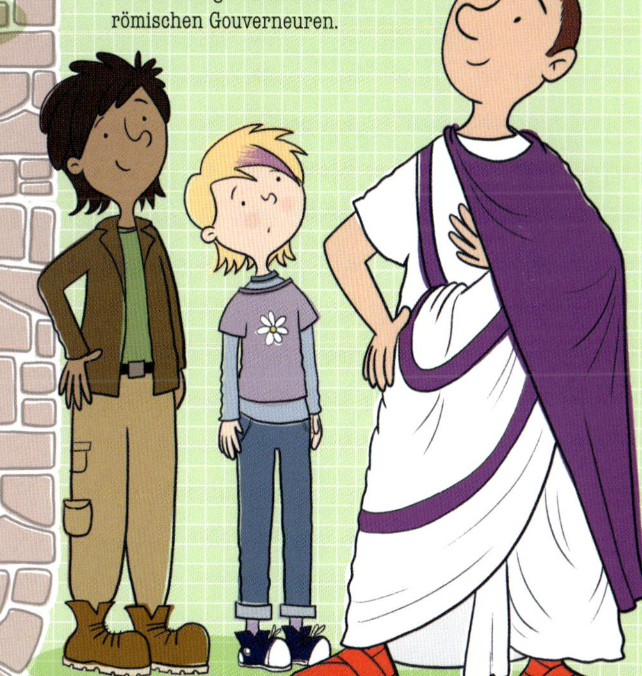

TEMPEL DES SATURN

DIE ROSTRA

SATURNS ZUHAUSE

TEMPEL DES SATURN

Die alten Römer verehrten viele Götter und Göttinnen, von denen jede/r einen eigenen Tempel hatte. Dieser hier war dem Gott Saturn gewidmet – auf ihn ist „Saturday", das englische Wort für Samstag, zurückzuführen. Die Saturnalien, ein beliebtes Fest zur Wintersonnenwende, fanden in ganz Rom statt. Alle feierten und machten sich Geschenke zu Ehren Saturns. Später wurden die Saturnalien von der christlichen Kirche abgeschafft, stattdessen wurde Weihnachten gefeiert. Der Tempel des Saturn war außerdem die staatliche Schatzkammer, in der bergeweise Gold und Silber gelagert wurde.

SPRICH LAUTER, SENATOR!

DIE ROSTRA

Auf dieser Bühne sprachen die Politiker Roms zu den Bürgern ihrer Stadt. In dem Schauspiel *Julius Caesar* von Shakespeare hielt Mark Anton hier eine berühmte Rede, die mit den Worten „Mitbürger! Freunde! Römer! Schenkt mir Gehör!" (engl.: „your ears" – „eure Ohren") begann. Für den römischen Senator Cicero wurde die Sache mit den Ohren nur allzu wahr. Nachdem man ihn aus politischen Gründen hingerichtet hatte, wurden seine rechte Hand und sein Kopf (samt Ohren) hier zur Schau gestellt. Gruselig!

DIE REDNERTRIBÜNE – *ROSTRA* – VERDANKT IHREN NAMEN ERBEUTETEN SCHIFFSSCHNÄBELN, DIE HIER IM JAHR 338 VOR CHRISTUS ANGEBRACHT UND ZUR SCHAU GESTELLT WURDEN.

NUR FÜR MÄDCHEN

HAUS DER VESTALINNEN

In diesem Haus lebten die vestalischen Jungfrauen – Priesterinnen in weißen Roben, die dafür sorgen mussten, dass das Feuer im nahen Tempel der Vesta, der Göttin von Heim und Herd, nie erlosch. Sie backten auch Kuchen für die Göttin. Es wurden Mädchen zwischen sechs und zehn Jahren ausgewählt, die dann 30 Jahre lang in dem Haus als Priesterinnen lebten. Bevor sie das Haus zum ersten Mal betraten, ließen sie sich alle ihre Haare abschneiden und hängten sie als Opfergabe für die Götter draußen vor dem Haus an einem Baum auf.

TEMPEL VON CASTOR UND POLLUX

TOLLE ZWILLINGE

TEMPEL VON CASTOR UND POLLUX

Zwillinge wird es freuen zu erfahren, dass es unter den römischen Göttinnen und Göttern ein Zwillingsbrüderpaar namens Castor und Pollux gab. Die brillanten Jungen bekamen im Forum ihren eigenen Tempel, weil sie in einer wichtigen Schlacht auf ihren mystischen Schimmeln aufgetaucht waren und so den Römern zum Sieg verholfen hatten. Später erschienen sie noch einmal auf ihren Pferden im Forum, und genau an dieser Stelle wurde dann ihr Tempel gebaut.

Suche: CASTOR UND POLLUX

LEUCHTENDE STERNE

Die römischen Zwillinge kannst du auch heute noch sehen – am Sternenhimmel. Da sie sich niemals trennen wollten, hat ihr Vater Jupiter, der König der Götter, sie in die beiden hellsten Sterne im Sternbild der Zwillinge verwandelt.

VESTALINNEN WAREN IN ROM WICHTIGE UND MÄCHTIGE FRAUEN. WENN EINE VESTALISCHE JUNGFRAU ABER DAS HEILIGE FEUER AUSGEHEN LIESS, WURDE SIE HART BESTRAFT, UND WENN SIE HEIMLICH EINEN FREUND HATTE, KONNTE SIE SOGAR BEI LEBENDIGEM LEIB BEGRABEN WERDEN!

HAUS DER VESTALINNEN

DAS NOBELVIERTEL

DER PALATIN

Es heißt, dass Rom auf dem Palatin oberhalb des Forum Romanum gegründet wurde. Später lebten die römischen Kaiser hier in luxuriösen Palästen. Damals, als noch Togen getragen wurden, war dies wahrscheinlich die Top-Adresse, heute ist es ein schönes, schattiges Plätzchen für ein Picknick mit Blick auf die Ruinen.

753 V.CHR.
IN DIESEM JAHR SOLL ROM GEGRÜNDET WORDEN SEIN.

Das Haus des Kaisers Domitia diente sehr lange als kaiserliche Residenz:
300 JAHRE

DIE BESTEN DEKORATEURE

Kaiser Augustus war der Erste, der sich hier häuslich einrichtete. Einige der Wandgemälde in seinem Haus kannst du heute noch bewundern, z. B. die Gartenpflanzen und Tiere an den Wänden im Speisesaal. Livia, Augustus' Frau, galt als Pflanzenexpertin – allerdings im negativen Sinn. Sie soll eine Mörderin gewesen sein, die das Gift von Pflanzen dazu benutzte, um jeden, den sie nicht mochte, umzubringen – auch ihren Mann Augustus.

DOMITIANS GEHEIMNIS

Kaiser Domitian ließ neben seinem Palast (Domus Flavia) ein Stadion, ein ummauertes Gelände, errichten. Es sieht aus wie eine Laufbahn, aber niemand weiß, wofür es wirklich diente. Es könnte sein, dass der Kaiser hier ausgeritten oder vielleicht auch einfach nur spazieren gegangen ist. Wir werden es nie erfahren – lass deiner Fantasie also ruhig freien Lauf! Domitian wurde wie auch Caesar und Caligula von seinen Feinden umgebracht. Zu Zeiten der Römer gab es viele Tote auf dem Palatin!

ALLES BEGANN MIT EINEM STREIT!

IN DER RÖMISCHEN MYTHOLOGIE HEISST ES, DASS DIE ZWILLINGSBABYS ROMULUS UND REMUS VON EINER WÖLFIN IN EINEM AUF DEM TIBER TREIBENDEN KORB GEFUNDEN WURDEN. SIE NAHM SIE MIT IN EINE HÖHLE AUF DEM PALATIN, DAS LUPERCAL. ALS SIE ÄLTER WURDEN BESCHLOSS ROMULUS, EINE STADT NAMENS ROM AUF DEM HÜGEL ZU BAUEN. SEIN BRUDER WAR DAMIT ABER NICHT EINVERSTANDEN UND ES KAM ZU EINEM FÜRCHTERLICHEN STREIT. ROMULUS TÖTETE REMUS UND LIESS DIE STADT WEITERBAUEN, SO WIE ER ES WOLLTE.

EIN HEILIGER IM STADION

In vielen Kirchen Roms gibt es Gemälde vom Heiligen Sebastian, einem römischen Soldaten, der auf Befehl von Kaiser Diokletian getötet wurde. Der Legende nach wurde er im Stadion an einen Baum gefesselt und mit Pfeilen beschossen. Irgendwie überlebte er und tauchte später vor dem verblüfften Kaiser auf, um ihm zu sagen, was für ein schrecklicher Mann er sei. Dann wurde Sebastian tatsächlich getötet – mit Knüppeln wurde er zu Tode geprügelt. Auf Gemälden ist er aber meistens an einen Baum gebunden und von Pfeilen durchbohrt zu sehen.

DOMUS FLAVIA

STADION

KÖSTLICHES ROM

Achtung! Dieser Spaziergang macht hungrig, denn Rom ist eine Stadt, die mit vielen Leckereien protzen kann. Es gibt süßes *Gelato* und knusprige Pizza, goldene Nudeln und Schokolade – all das schmeckt so wunderbar, dass sogar Gedichte darüber geschrieben wurden. „Mangia!“ – wie man in Italien zu sagen pflegt: „Hau rein!“

ROM GEGEN NEAPEL

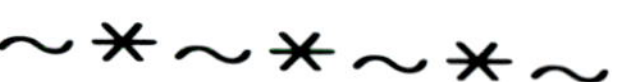

DIE PIZZA SOLL IN NEAPEL ERFUNDEN WORDEN SEIN, IN ROM IST MAN DA ANDERER MEINUNG. DIE NEAPOLITANISCHE PIZZA IST LUFTIGER UND WEICHER ALS DIE RÖMISCHE, DIE VIEL DÜNNER UND KNUSPRIGER IST. ABER VORSICHT! LASS DICH BLOSS NICHT AUF EINE DISKUSSION DARÜBER EIN, WELCHE PIZZA BESSER SCHMECKT. DIE PIZZA-GEMÜTER ERHITZEN SICH SCHNELL!

EINE HEXE UND IHRE SÜSSIGKEITEN

WEIHNACHTSMARKT AUF DER PIAZZA NAVONA

Es heißt, dass die gute Hexe Befana am Abend vor Epiphania (6. Januar) durch Italien zieht und braven Kindern Süßigkeiten schenkt. Freche Kinder hingegen bekommen ein Stück Kohle. In Rom lagert sie ihre Süßigkeiten wahrscheinlich auf dem Weihnachtsmarkt auf der Piazza Navona.

DIE PERFEKTE PIZZA

ÜBERALL IN DER STADT

Hier eine kurze Einführung in römische Pizza-Snacks, die überall in der Stadt erhältlich sind. Also: Erstens gibt es eine *Pizza al taglio*, das sind rechteckige Pizzastücke, die auf einem großen Blech gebacken werden. Dann gibt's da auch noch die *Pizza bianca*, die „weiße Pizza“. Sie kommt ohne Tomatensauce, nur mit Olivenöl daher. Die *Pizza bianca* wird auch als *Pizza farcita* verkauft, dann ist sie lecker gefüllt. Alles klar? Guten Appetit!

MORIONDO UND GARIGLIO

RIONE DI SANT'ANGELO

SÜSSE POESIE

MORIONDO & GARIGLIO

Schon seit etwa 150 Jahren lassen sich Römer die wunderbaren Leckereien von Moriondo & Gariglio schmecken. Das ist der älteste Chocolatier der Stadt mit über 100 zartschmelzenden Schokoladen- und Bonbonsorten. Zu Ostern stehen die Menschen Schlange für die wunderschönen Ostereier. Besonders beliebt sind die mit samtweichem Gianduia – eine Schoko-Haselnuss-Creme, die an Nutella® erinnert, aber viel leckerer ist.

„Ein Mitbringsel, das jedes Kind glücklich macht. Selbst wenn du um die ganze Welt reist – du bekommst es nur bei Moriondo."

TRILUSSA, EIN BERÜHMTER RÖMISCHER SCHRIFTSTELLER, WAR VON DIESEM LADEN DERART ENTZÜCKT, DASS ER MEHRFACH DARÜBER SCHRIEB – HIER EIN PAAR SEINER ZEILEN ÜBER EINE SCHOKOLADE.

GEBRATENE TELEFONE

RIONE DI SANT'ANGELO

Da die Juden früher in diesem Viertel Roms wohnen mussten, wurde die Gegend Jüdisches Getto genannt. Hier entwickelten sie ihren ganz eigenen Kochstil und versuchten, das Beste aus den wenigen Zutaten zu machen, die sie sich leisten konnten. So entstanden Bällchen aus gebratenem Reis, Tomaten und Mozzarella. Man nannte sie *Suppli al Telefono* (Telefonüberraschungen). Wenn man ein *Suppli* halbiert, kommt ein „Telefondraht" zum Vorschein – ein leckerer Faden aus geschmolzenem Mozzarella verbindet die beiden Hälften.

Und hier noch ein paar Spezialitäten aus dem Jüdischen Getto

PIZZA EBRAICA – ein keksähnlicher Riegel aus Nüssen, Rosinen und kandierten Früchten

CARCIOFI ALLA GIUDIA – frittierte Artischocken

BACCALÀ – frittierter Kabeljau

CONCIA – frittierte und in Essig eingelegte Zucchini

EIN GELATO, BITTE!

EIS VON CLAUDIO TORCÈ

Ein *Gelato* ist nicht einfach nur irgendein Eis. *Gelato* ist besonders lecker und cremig und wird überall in der Stadt verkauft. Man muss aber darauf achten, dass man echtes, handgefertigtes *Gelato* aus frischen Zutaten bekommt. Claudio Torcè ist mit seinen ungewöhnlichen Geschmacksrichtungen wie Sellerie und Käse schon fast eine Berühmtheit. Aber keine Angst, es gibt auch köstliche süße Sorten.

2500 GELATERIE (EISDIELEN) GIBT ES UNGEFÄHR IN ROM.

Stracciatella (Vanilleeis mit Schokoraspeln) und **Gianduia** (Schokolade und Haselnuss) sind traditionelle Eissorten.

GRATTACHECCA IST GESCHABTES WASSEREIS MIT SIRUP

ALLES WIRD VERPUTZT!

TESTACCIO

In dieser Gegend Roms gab es früher viele Schlachthöfe, in denen Tiere zu Fleisch verarbeitet wurden. Die Teile, die niemand wollte, bekamen die Arbeiter. So entstand die *Cucina romana* (die römische Küche) mit Gerichten aus Tierköpfen, Herzen, Lungen, Füßen und Teilen des Magens. Eine reichhaltige Ochsenschwanzsuppe, die *Coda alla vaccinara*, ist ein typisches Beispiel aus der römischen Küche. Sie wird aus einem Schwanzstück vom Rind zubereitet.

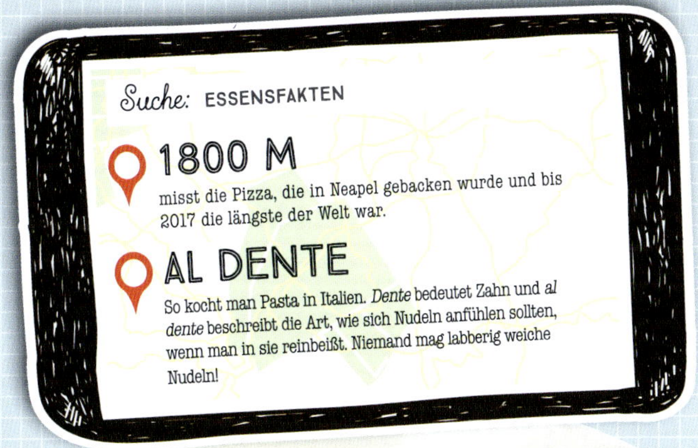

NIE MIT SAHNE!

SPAGHETTI CARBONARA

Spaghetti carbonara ist wahrscheinlich das beliebteste Nudelgericht Roms. Es besteht aus Spaghetti mit Eiersauce, geriebenem Käse und Speckwürfeln. Alle reden darüber, wie dieses Gericht zustande kam. Die einen meinen, dass es anfangs von hiesigen Bergleuten als Essen am Lagerfeuer zubereitet wurde. Andere sagen, dass es während des Zweiten Weltkriegs erfunden wurde. Aber über eins sind sich alle einig. NIEMALS würde irgendjemand in Rom Sahne hinzugeben. Das wäre *scioccante* – schockierend!

ÜBERALL IN DER STADT

ROM IM WINTER

CALDARROSTAI

Die *Caldarrostai* verkaufen köstliche Maronen, die sie überall in der Stadt auf tragbaren Straßengrills rösten. Maronen haben im Oktober und November auf dem Land rund um Rom Hochsaison. Dann sieht man überall die *Caldarrostai*. Eine Papiertüte mit heißen Maronen eignet sich perfekt, um an kalten Tagen in der Hauptstadt Hände und Magen aufzuwärmen.

NASSES ROM

Rom trägt Wasser im Herzen. Die Stadt wurde am Tiber gebaut und hat viele wunderschöne Springbrunnen, die besonders im heißen italienischen Sommer beliebte Treffpunkte sind. Wie wär's mit einer erfrischenden Wassertour, um herauszufinden, wie das kühle Nass hier im Lauf der Geschichte Furore machte?

87 KM FLIESST DAS WASSER AUS DEM APENNIN BIS NACH ROM

1682 LITER PRO SEKUNDE DURCHFLUSSMENGE =9x

TOILETTENGEPLAUDER

START

OSTIA ANTICA

Ostia Antica war die Hafenstadt des nahen Rom. Zu den antiken Ruinen gehören auch ein paar öffentliche Toiletten. Die alten Römer hatten nichts dagegen, direkt neben anderen ihr Geschäft zu erledigen. Sie saßen Seite an Seite auf einer langen Steinbank über einem Kanal, in dem Wasser floss. Zum Abwischen reichten ihnen Sklaven einen Stockschwamm oder ein paar alte Stofffetzen. Und natürlich wurde auf dem Klo auch geplaudert. Wahrscheinlich sprachen die Römer über Geschäfte, während sie ihr Geschäft erledigten!

OSTIA ANTICA

SPAZIERGANG AM WASSER

PARCO DEGLI ACQUEDOTTI

Zu Zeiten der alten Römer wurde das Wasser im Tiber immer schmutziger. Als man es nicht mehr trinken konnte, bauten clevere Ingenieure Aquädukte, um die Stadt mit frischem, sauberem Wasser aus dem Umland zu versorgen. Hier im Parco degli Acquedotti kannst du an Abschnitten des Originalaquädukts entlanglaufen und dir vorstellen, wie das Wasser in Richtung Stadt geflossen ist, wo die Sklaven der alten Römer Togas gewaschen, wo die Senatoren gebadet und wo die Kaiser an einem Palastspringbrunnen sitzend Befehle erteilt haben!

PARCO DEGLI ACQUEDOTTI

RIESENBÄDER

TERME DI CARACALLA

Diese Ruinen waren einst gigantische öffentliche Bäder. Dort konnten die alten Römer ein kühles, lauwarmes oder heißes Bad nehmen, in einer Sauna schwitzen, in einem großen Becken schwimmen, Ballspiele spielen und Gewichte heben. Hier konnten sie shoppen, essen und trinken, sich mit Brettspielen amüsieren, eine Bibliothek und sogar ein Museum besuchen. Sie waren eine Art großes Shopping-Center mit viel Wasser.

KÖRPERBEHAARUNG WAR IM ALTEN ROM OUT. IM BAD LIESSEN SICH DIE RÖMER DIE HAARE AUSZUPFEN. AUTSCH!

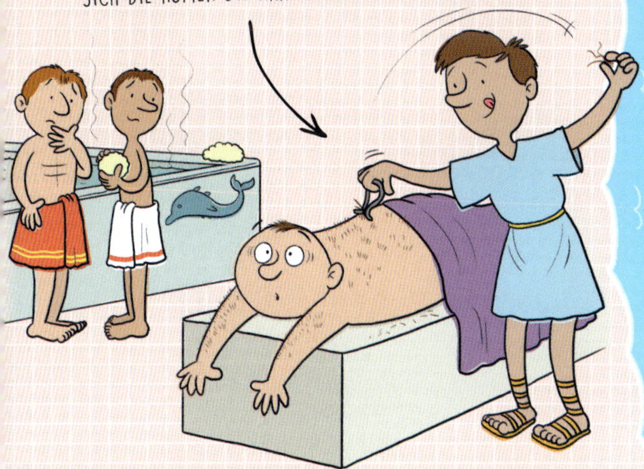

HINTER DEN KULISSEN SORGTEN SKLAVEN FÜR DEN BETRIEB DER BÄDER. HUNDERTE UNGLÜCKLICHER MENSCHEN MUSSTEN IN DEN KELLERN UNTER DEM GEBÄUDE SCHWITZEN UND DIE ÖFEN MIT HOLZ BESTÜCKEN, UM DAS BADEWASSER IMMER ANGENEHM WARM ZU HALTEN.

TERME DI CARACALLA

TIBERINSEL

WINZIGER MEDIZINHÜGEL

TIBERINSEL

Eine der kleinsten bewohnten Inseln der Welt, die Isola Tiberina (Tiberinsel), befindet sich mitten im Tiber. Über Jahrtausende sprach man ihr heilende Kräfte zu, und auch heute noch gibt es hier ein Krankenhaus. Die ganze Insel ist nur so groß wie drei aneinander gereihte Fußballplätze.

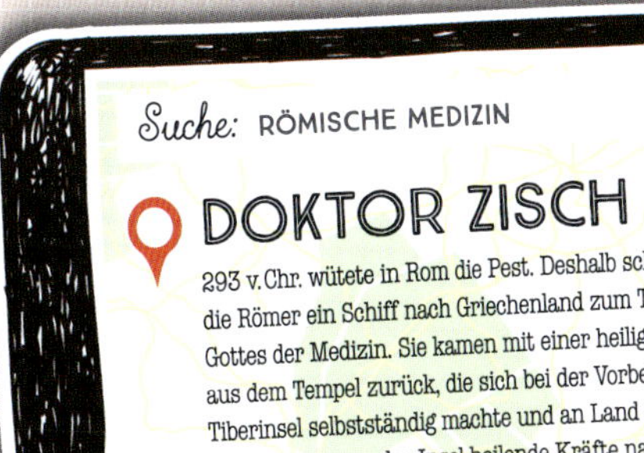

Suche: RÖMISCHE MEDIZIN

DOKTOR ZISCH

293 v. Chr. wütete in Rom die Pest. Deshalb schickten die Römer ein Schiff nach Griechenland zum Tempel des Gottes der Medizin. Sie kamen mit einer heiligen Schlange aus dem Tempel zurück, die sich bei der Vorbeifahrt an der Tiberinsel selbstständig machte und an Land schwamm. Seither sagt man der Insel heilende Kräfte nach.

SCHNELLE SCHILDKRÖTEN

SCHILDKRÖTENBRUNNEN

Die Legende erzählt, dass ein römischer Herzog den Schildkrötenbrunnen in nur einer Nacht errichten ließ, um seinen Schwiegervater in spe zu beeindrucken. Der heißgeliebte, jahrhundertealte Brunnen zeigt vier Jünglinge, die Schildkröten sanft nach oben ins Wasser schubsen. Er ist aber nicht mehr das, was er mal war – die Schildkröten sind Kopien. Drei der Originale kannst du dir im Museum anschauen, die vierte hat ein Schildkrötendieb geklaut.

FREIE DRINKS FÜR ALLE!

NASONI

In Rom gibt es etwa 2500 gusseiserne Trinkwasserbrunnen, die sauberes Trinkwasser für jeden spenden. Wegen ihrer Form werden sie *nasoni*, große Nasen, genannt. Das frische, kühle Wasser kannst du gefahrlos trinken und wenn du deinen Daumen unten auf die Öffnung hältst, spritzt das Wasser oben in hohem Bogen direkt in deinen Mund – eine geniale Erfindung.

ÜBERALL IN DER STADT

BERNINIS VIER FLÜSSE

FONTANA DEI QUATTRO FIUMI

Der große Springbrunnen, der 1651 von Gian Lorenzo Bernini erbaut wurde, soll die vier längsten damals bekannten Flüsse der Welt versinnbildlichen. Die Götter des Ganges, des Rio de la Plata, der Donau und des Nils – sie alle sind neben den Tieren und Pflanzen ihrer jeweiligen Heimat auf dem Brunnen zu sehen. Das Haupt des mysteriösen Gottes des Nils ist verhüllt, weil man damals nicht wusste, wo sich die Quelle befand.

ES HEISST, DASS SICH EINE DER FIGUREN AUF DEM BRUNNEN DIE AUGEN SCHÜTZT, UM DIE NAHE KIRCHE, DIE VON BORROMINI, BERNINIS VERHASSTEM GEGNER, ENTWORFEN WURDE, NICHT SEHEN ZU MÜSSEN. DIE BEIDEN KONNTEN SICH NICHT AUSSTEHEN. OB ES ABER WIRKLICH SO SCHLIMM WAR?

PIAZZA NAVONA

BASILICA DI SANTA MARIA SOPRA MINERVA

WASSERWAND

HOCHWASSERMARKEN

Die Schilder an der Wand der Basilica di Santa Maria Sopra Minerva zeigen die verschiedenen Pegelstände des Tibers. Das älteste Schild markiert das Hochwasser von vor fast 600 Jahren. Heutzutage sorgen Staudämme und Schutzwälle dafür, dass der Tiber nicht mehr dermaßen extrem über die Ufer steigt.

WIE DU AN DEN SCHILDERN ERKENNEN KANNST, STIEG DAS WASSER IM JAHR 1598 AUF DEN HÖCHSTSTAND VON 19,56 M ÜBER DEM MEERESSPIEGEL – AUF DEN HEUTIGEN STRASSEN WÜRDE DAS WASSER 4 M HOCH STEHEN.

GLÜCKS-BRUNNEN

TREVI-BRUNNEN

TREVI-BRUNNEN

Der berühmteste Brunnen Roms ist riesig – er nimmt die ganze Seite eines kleinen Platzes ein. Wenn du eine Münze hinein wirfst, kommst du garantiert noch einmal nach Rom – sagt die Legende.

BAROCKE FELSEN

Der Brunnen wurde im Barock-Stil gebaut, eine Kunstrichtung voller Dramatik und komplizierter Details. Als der Brunnen in den 1700er-Jahren entworfen wurde, war dieser Stil sehr beliebt.

MÜNZSAMMLUNG

Täglich werden fast 4000 € in den Brunnen geworfen. Münzen aus dem Brunnen zu stehlen ist verboten. Das Geld wird jede Nacht eingesammelt, eine römische Wohltätigkeitsorganisation kauft davon Lebensmittel für Menschen in Not. Einem alten Brauch zufolge musst du eine Münze über deine Schulter ins Wasser werfen, die Zahl der Münzen bestimmt dein Glück in der Zukunft …

EIN BLUTBAD?

Als sich das Wasser im Brunnen 2007 rot färbte, staunten die Schaulustigen nicht schlecht. Irgendjemand hatte heimlich einen Eimer mit roter Farbe ins Wasser gekippt. Dieser Jemand behauptete, Künstler zu sein, der das Leben der Menschen etwas farbiger gestalten wollte. Einige Römer waren sauer, andere hingegen bewunderten sein Kunstwerk.

26 M HOCH
20 M BREIT

30 verschiedene Pflanzenarten sind in den Brunnen modelliert.

EIN SCHWARZER TAG

DER BRUNNEN WAR EINE WICHTIGE KULISSE IN DEM BERÜHMTEN ITALIENISCHEN FILM *LA DOLCE VITA*. ALS MARCELLO MASTROIANNI, DER STAR IN DIESEM FILM, 1996 STARB, WURDE IHM ZU EHREN DAS WASSER ABGESTELLT UND DER BRUNNEN IN SCHWARZEN STOFF GEHÜLLT. IM FILM GIBT ES EINE BERÜHMTE SZENE, IN DER ER IN DEN BRUNNEN STEIGT, UM DIE SCHAUSPIELERIN ANITA EKBERG ZU KÜSSEN. HEUTE DARF NIEMAND MEHR IN DEN BRUNNEN. ER WIRD RUND UM DIE UHR VON SICHERHEITSPERSONAL BEWACHT. JEDER, DER AUCH NUR DEN KLEINEN ZEH INS WASSER STECKEN WILL, WIRD DARAN GEHINDERT.

„Sieh genau hin, ich bin nicht der da drüben!"

EIN FALSCHER GOTT?

Besucher verwechseln Oceanus, die Hauptstatue des Brunnens, oft mit Neptun, dem Gott des Meeres. Oceanus war ein griechischer Gott, wohingegen Neptun ein römischer Gott war. Sie sind leicht zu unterscheiden, denn Neptun hat immer einen Dreizack in der Hand.

STEINERNE ZEUGEN

In Rom bist du nie allein! An fast jeder Ecke versteckt sich eine Statue oder ein Wandrelief. Und obwohl die Statuen in den Straßen der Stadt nicht wirklich gesprächig sind, so haben sie doch viele überraschende Geschichten zu erzählen. Hier geht's lang, wenn du einigen der steinernen Geheimnisse auf die Spur kommen willst.

„Pssst ... Hast du schon gehört ...?"

?!

START

CAMPO DE' FIORI

AUSSERIRDISCHE? ABGELEHNT!

GIORDANO BRUNO

Der böse dreinschauende, nach unten blickende Mönch mit Kapuze stellt Giordano Bruno dar, der 1600 an diesem Ort sein grausames Ende fand. Er starb als „Ketzer" auf einem Scheiterhaufen, weil er u. a. glaubte, dass es auch auf anderen Planeten Leben geben könne. Seine Statue wurde 1889 als Protest gegen die Zensur errichtet. Damit er UFOs sehen kann, hätte der Künstler seinen Blick aber besser nach oben gerichtet!

WAS HAT DER STEIN GESAGT?

PASQUINO

Einige Statuen in Rom können sprechen und eignen sich perfekt für Tratsch und Skandale. Es sind Statuen, die von den Römern dafür benutzt werden, anonyme Mitteilungen zu hinterlassen. Ein tolles Mittel, die Regierenden Roms zu kritisieren oder über Nachbarn zu tratschen, ohne Rache fürchten zu müssen! Pasquino ist die bekannteste „sprechende Statue", aber es gibt auch noch andere. Über Nachrichten, die an den Steinen angebracht werden, „unterhalten" sie sich miteinander quer durch die ganze Stadt!

PIAZZA PASQUINO

VIA DEL PIÈ DI MARMO

TOLLE ZEHEN

PIÈ DI MARMO

Die Römer lieben diesen riesigen linken Fuß, der wie zufällig in der „Marmorfußstraße“ rumzustehen scheint und die Größe eines Fiat 500 hat. Er gehörte einst der antiken ägyptischen Gottheit Isis, der Göttin der Natur und Magie. Ihr antiker römischer Tempel stand hier ganz in der Nähe; heute sind nur noch die Reste ihres verschlissenen Marmorfußes übrig.

Suche: RÖMISCHE STATUEN

DAS IST DOCH GRIECHISCH!

Manch ein römischer Krieger brachte schöne griechische Kunst mit nach Hause. Insbesondere Statuen erfreuten sich bei den alten Römern größter Beliebtheit, also wurden viele Repliken hergestellt. Einige Statuen sind genaue Kopien, andere haben griechische Körper und römische Köpfe!

TRAJANSSÄULE

CARTOON-SÄULE

TRAJANSSÄULE

Diese Säule ist mit 2000 Jahre alten Cartoons bedeckt. Sie wurden zu Ehren der Siege von Kaiser Trajan in Stein gehauen und erzählen rund um die Säule die Geschichte seines Krieges in Dakien (dem heutigen Rumänien und Moldawien). Nichts wurde ausgelassen – es sind Szenen mit römischen Soldaten zu sehen, die Festungen bauen, Flüsse überqueren, Feinde töten, selbst getötet werden oder die auch einfach nur rumsitzen und die nächsten Schritte besprechen.

2662 FIGUREN BEFINDEN SICH AN DER SÄULE

60 mal ist Kaiser Trajan selbst an der Säule zu sehen. Nun ja, er ist ja schließlich auch der Held!

185 STUFEN GIBT'S IM INNEREN DER SÄULE

REITER MIT BART

KÖNIG VITTORIO EMANUELE II. UND IL VITTORIANO

PIAZZA VENEZIA

Die gigantische Statue von Vittorio Emanuele II. kannst du gar nicht übersehen. Sie steht in der Nähe von Roms meist befahrenem Kreisverkehr vor einem riesigen weißen Gebäude namens Il Vittoriano.

DAS GEBÄUDE DAHINTER

DIE STATUE STEHT VOR EINEM GEBÄUDE NAMENS IL VITTORIANO. DIE RÖMER NENNEN DAS HAUS MANCHMAL AUCH „SCHREIBMASCHINE" ODER „HOCHZEITSTORTE". ES SPIEGELT DEN RUHM ITALIENS WIDER UND IST VOLLGEPACKT MIT BOTSCHAFTEN. DIE STATUEN UND RELIEFS REPRÄSENTIEREN GANZ UNTERSCHIEDLICHE DINGE, VON EINHEIT UND FREIHEIT (DIE BEIDEN SKULPTUREN GANZ OBEN) BIS HIN ZU 16 ITALIENISCHEN STÄDTEN (DIE SÄULEN).

DER ERSTE VATER

Die Statue des Königs und das riesige weiße Marmorgebäude dahinter wurden anlässlich der politischen Einigung Italiens im Jahr 1861 mit Rom als Hauptstadt errichtet. Davor bestand das Land aus Dutzenden Stadtrepubliken und Fürstentümern. Vittorio Emanuele war der erste König der neuen Nation.

DER MANN MIT DEM SCHNAUZBART

Wer Vittorio Emanuele mochte, nannte ihn „Gentleman-König", wer ihn nicht mochte „Räuber-König". Wir nennen ihn den besten „Schnauzbart-König" aller Zeiten. Sein Schnauzer war viel breiter als sein Gesicht, und manchmal gelte er die Spitzen, so wie es heute coole Hipster tun.

ESSEN FÜR DEN KÖNIG!

Als die Statue 1911 aufgestellt wurde, haben angeblich 21 Arbeiter darin einen Tisch aufgestellt und daran ihr Mittagsmahl verzehrt.

MEIN GROSSER BAUM (ABER NICHT SO GROSS WIE ICH)

Jedes Jahr zu Weihnachten kann Vittorio Emanuele auf einen der größten Weihnachtsbäume Roms hinabblicken. Er steht auf der Piazza direkt vor ihm.

SANTA MARIA IN ARACOELI

COOL, GELOCKT UND AUF MÜNZEN

MARCUS AURELIUS

PIAZZA DEL CAMPIDOGLIO

Dieser Reiter heißt Marcus Aurelius, er soll einer der besten Kaiser im antiken Rom gewesen sein. Er war weder verrückt noch böse (wie mancher römische Kaiser) und hatte ganz offensichtlich einen tollen Lockenkopf. Wenn du dir das italienische 50-Cent-Stück genau anschaust, wirst du ihn auf seinem Pferd sitzend erkennen. Was glaubst du, worauf zeigt er mit seiner Hand? Sagt er vielleicht: „Hü, Pferd, da geht's durch!" oder etwa „He, du da, lass mich mal an deinem Eis schlecken!?"

SANTO BAMBINO

SANTA MARIA IN ARACOELI

Die Holzstatue des Jesuskinds soll heilende Kräfte haben und die Gebete von Kindern erhören. Kinder schreiben der Statue manchmal Briefe, die in der Kapelle der Statue aufbewahrt und dann verbrannt werden, damit die Gebete in den Himmel steigen können. Kinder besuchen das Baby gern zu Weihnachten.

„Wow!"

1994 WURDE DIE SANTO-BAMBINO-STATUE GESTOHLEN, WAHRSCHEINLICH WEGEN IHRER WERTVOLLEN JUWELEN. SIE WURDE ERSETZT, ABER AUCH DIE NEUE GILT ALS HEILIG.

PALAZZO DEI CONSERVATORI

BOCCA DELLA VERITÀ

RIESENTEILE

KOLOSSALSTATUE KONSTANTINS

Kaiser Konstantin hatte seine eigene riesige „Kolossal"-Statue. Übrig von ihr sind nur noch der Kopf, ein Arm, eine Hand, ein Knie, zwei Füße und ein Stück vom Oberschenkel. Aber auch die Reste der Statue machen noch mächtig Eindruck – größere Fußnägel und Kinngrübchen wirst du wohl sonst nirgendwo sehen. Touristen lassen sich gern neben dem Riesenfinger fotografieren. Es könnte sein, dass dafür die Statue von jemand anderem genommen und darauf der Kopf neu modelliert wurde. Beispielsweise könnte sie ursprünglich die Statue seines Feindes Kaiser Maxentius gewesen sein, den Konstantin vom Thron stürzte.

DER ÄLTESTE LÜGEN-DETEKTOR DER WELT

BOCCA DELLA VERITÀ

Das an einer Wand befestigte, gruselig dreinschauende Gesicht mit den hohlen Augen und dem aufgerissenen Mund ist ein echter Filmstar. Es war schon in mehreren Kinofilmen und auch in dem Videospiel *Tomb Raider: Die Chronik* zu sehen. Sein Ruhm beruht auf einer Legende: Wenn du deine Hand in den Mund steckst und lügst, wird dir die Hand abgebissen. Das Gesicht ist ca. 2000 Jahre alt und soll einen geheimnisvollen Fluss-, Meeres- oder Waldgott darstellen.

AUSBLICKE

Jetzt ist es an der Zeit, die Dächer Roms in Augenschein zu nehmen. Schau von oben und nach oben – du wirst einige weltberühmte Ansichten sehen und auch ziemlich überrascht sein.

VILLA DEL PRIORATO DI MALTA

PIAZZA VENEZIA

BLICK DURCHS SCHLÜSSELLOCH

VILLA DEL PRIORATO DI MALTA

Immer wieder sieht man Leute, die durch das Schlüsselloch in der grün gestrichenen Tür dieser Villa spähen. Sie wollen aber nicht den Malteserorden, dem diese Villa mit Garten gehört, ausspionieren. Sie gucken durch das Loch, weil es den wohl schönsten Blick Roms bietet, den perfekt vom Schlüsselloch eingerahmten Petersdom.

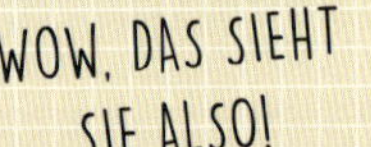

WOW, DAS SIEHT SIE ALSO!

KUPPELN ÜBER KUPPELN

DER FAHRSTUHL VOM IL VITTORIANO

Erinnerst du dich an das auf Seite 24 beschriebene Gebäude Il Vittoriano und den großen Reiter davor? An der einen Seite dieses Gebäudes befindet sich ein Glasfahrstuhl, mit dem du hinauf auf eine Terrasse fahren kannst. Dort oben stehen starke Ferngläser, durch die du dir ganz Rom anschauen kannst. Du wirst schnell feststellen, dass Rom eine Stadt mit unzähligen Kuppeln und Kirchen ist.

ES REGNET ROSEN

PANTHEON

Eins der ältesten Gebäude Roms, das Pantheon, hat eine Öffnung in der Decke, ein sogenanntes Kuppelauge. Am Nachmittag des Pfingstsonntags (ein christlicher Feiertag) klettern römische Feuerwehrleute auf das Dach und werfen Rosenblätter durch das Loch auf die darunter stehende Menschenmenge. Das Pantheon war ursprünglich ein römischer Tempel, ist jetzt aber eine Kirche, und die Blätter symbolisieren den herabkommenden Heiligen Geist. Auf Seite 92 erfährst du mehr über das Pantheon.

PALAZZO BARBERINI

BIENEN IM PALAZZO

PALAZZO BARBERINI

In Rom gibt es Unmengen erstaunlicher Deckengemälde, so auch ein riesiges Fresko von dem Künstler Pietro da Cortona. Es wurde ganz raffiniert gemalt und macht den Betrachter glauben, dass die Decke mit vorgetäuschten Wänden und Säulen sehr viel höher ist als in Wirklichkeit. Du kannst es dir auf einem Kippstuhl bequem machen, nach oben schauen und den Schwarm goldener Bienen auf dem Gemälde suchen. Die Arbeit wurde von der Barberini-Familie, die Bienen in ihrem Wappen hat, in Auftrag gegeben.

PANTHEON

WER DEN AFFENTURM BESITZT, DARF DAS LICHT NICHT AUSGEHEN LASSEN, ODER ER VERLIERT DEN BESITZ AM TURM. EIGENTLICH HEISST DER TURM TORRE DEI FRANGIPANE.

AFFENTHEATER

AFFENTURM

Es heißt, dass ein im Mittelalter hier wohnender Edelmann einen großen Affen als Haustier hielt. Eines Tages schnappte sich der Affe dessen Baby und nahm es mit hinauf auf den Turm. Der verzweifelte Edelmann betete zur Jungfrau Maria und versprach, dass er auf dem Dach einen Schrein bauen würde, in dem immer Licht brennen solle, wenn sein kleiner Sohn gerettet werde. Der Affe kam mit dem Baby wieder runter, und der Edelmann hielt sein Versprechen. Es gibt oben noch immer einen Schrein mit einer Lampe, die jeden Abend angeschaltet wird.

AFFENTURM

DER PINCIO

STERNENTRÄUME

AUSSICHTSTERRASSE AUF DEM PINCIO

Die Nacht des 10. August ist die *Notte dei Desideri*, die „Nacht der Wünsche". Dann halten die Menschen in ganz Italien Ausschau nach Sternschnuppen. Wenn sie eine sehen, wünschen sie sich etwas. Die Sternschnuppen sind Perseiden, ein alljährlich wiederkehrender Meteoritenschauer, der durch den in die Erdatmosphäre eintretenden Kometen *Swift-Tuttle* verursacht wird. Oder willst du lieber der Legende glauben, dass die Sternschnuppen die Tränen des an diesem Tag ermordeten hl. Laurentius seien? Der Pincio ist der bei den Römern beliebteste Ort zum Sterneschauen.

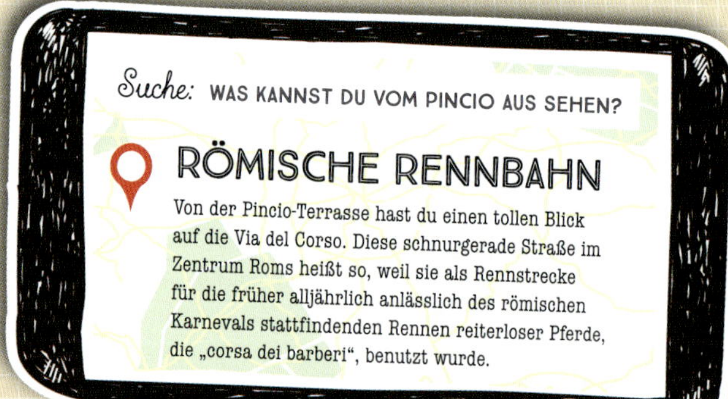

Suche: WAS KANNST DU VOM PINCIO AUS SEHEN?

RÖMISCHE RENNBAHN

Von der Pincio-Terrasse hast du einen tollen Blick auf die Via del Corso. Diese schnurgerade Straße im Zentrum Roms heißt so, weil sie als Rennstrecke für die früher alljährlich anlässlich des römischen Karnevals stattfindenden Rennen reiterloser Pferde, die „corsa dei barberi", benutzt wurde.

ÜBERALL IN DER STADT

MIT LINSEN INS NEUE JAHR

SILVESTER

Am Silvesterabend gibt es in Rom um Mitternacht normalerweise ein 15-minütiges Feuerwerk. Dann ist ganz Rom auf den Beinen. Aber vorher gibt's ein *Cenone*, ein großes Silvesterdinner. Und auch wenn man noch so satt ist, nach Mitternacht muss man ein paar Linsen essen, denn das bringt Glück für das neue Jahr. Es heißt, dass Linsen Münzen darstellen.

ÜBERALL IN DER STADT SIEHT MAN AM SILVESTERABEND STÄNDE MIT ROTER UNTERWÄSCHE, DIE ITALIENER JEDES JAHR ZU SILVESTER TRAGEN. DIESE TRADITION IST WAHRSCHEINLICH SCHON HUNDERTE VON JAHREN ALT. DAMALS DACHTE MAN, DASS ROT VOR KRANKHEITEN UND UNGLÜCK SCHÜTZT.

PIAZZA DEL POPOLO

24 M HOCH

WAGENRENNEN

FLAMINIO OBELISK

Vor mehr als 2000 Jahren ließ der römische Kaiser Augustus nach seinem Sieg über Cleopatra den Flaminio Obelisken aus dem alten Ägypten nach Rom transportieren. Früher stand er im Circus Maximus, der Wagenrennbahn im antiken Rom, auf der Wagenlenker vor der johlenden Menschenmenge in irrem Tempo ihre Runden drehten. Er stammt aus einem ägyptischen Tempel, der der Sonne gewidmet war. Heute hat er ein Kreuz oben auf der Spitze.

DAS VERHÄLTNIS ZWISCHEN DEM ANTIKEN ROM UND ÄGYPTEN WAR RECHT KOMPLIZIERT! JULIUS CAESAR HALF KLEOPATRA, DIE KONTROLLE ÜBER ÄGYPTEN ZU BEKOMMEN. SIE KÄMPFTE SPÄTER MIT MARK ANTON GEGEN OCTAVIAN. ABER OCTAVIAN (SPÄTER: AUGUSTUS) SIEGTE UND MACHTE ÄGYPTEN ZU EINEM TEIL DES RÖMISCHEN REICHS.

KUNST STEHT KOPF

SIXTINISCHE KAPELLE

Die Sixtinische Kapelle befindet sich in den Vatikanischen Museen, die Teil des Hauptsitzes der katholischen Kirche sind. Dort kannst du die berühmteste Decke der Welt bewundern, ein Fresko (Gemälde auf Gips) von Michelangelo. Er brauchte vier Jahre (1508–1512), um es zu malen.

SCHWERE ZEITEN

Michelangelo bemalte die Decke auf einem Gerüst stehend. Sein armes Genick! Anfangs wollte er den Job gar nicht haben und fürchtete um seine Gesundheit. Sein Honorar kam oft verspätet, aufgrund des kühl-feuchten Wetters trocknete der Gips nicht. Aber Ende gut, alles gut! Er hatte ein Meisterwerk geschaffen.

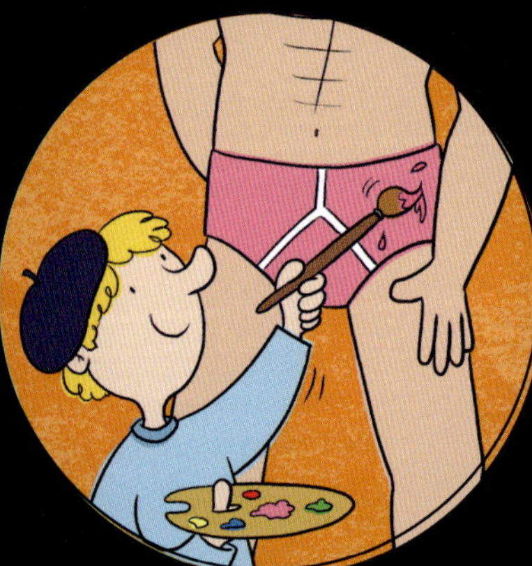

ALLES ÜBERPINSELT

1564 erhielt ein anderer Künstler den Auftrag, einige der nackten Figuren teilweise mit Blättern und Tüchern zu überpinseln. Die Einheimischen gaben ihm den Spitznamen *Il Braghettone* – „Hosenmaler“!

FRESKO-THEMEN

MICHELANGELOS FRESKO ZEIGT SZENEN AUS DEM BUCH GENESIS, VON DER ERSCHAFFUNG DER WELT BIS ZUR GESCHICHTE NOAHS. DER BERÜHMTESTE TEIL ZEIGT GOTT, DER DEN FINGER DES ERSTEN MANNES, ADAM, BERÜHRT. MICHELANGELO MALTE GOTT GANZ ZULETZT, DENN ER DACHTE, BIS DAHIN PERFEKT ZU SEIN. DER PAPST, DER DAS GEMÄLDE IN AUFTRAG GEGEBEN HATTE, WOLLTE EIGENTLICH, DASS DIE 12 APOSTEL GEMALT WERDEN, MICHELANGELO IGNORIERTE SEINEN WUNSCH ABER EINFACH.

25000

BESUCHER PRO TAG, DAS SIND BIS ZU 9 MILLIONEN IM JAHR.

1110 M^2

GROSS IST DAS WERK, DAS SIND FAST DREI BASKETBALLFELDER.

FRESKO–SCHUTZ

Schweiß, Atem und selbst Hautschuppen von Millionen Besuchern sind eine Gefahr für das Fresko. Deshalb wurde eine hochmoderne Klimaanlage installiert, um die Raumluft zu kontrollieren und Schäden so gering wie möglich zu halten. Fotografieren ist verboten.

UNTERIRDISCH

Es gibt viele Geheimnisse, die du in Rom unter deinen Füßen entdecken kannst. Wie wär's mit verlassenen Wohnungen, Todeskerkern, einem mythischen Bullen, ein paar versteckten Symbolen ... und nicht zu vergessen glibberigem Vogeldreck? Pass bloß auf, wo du hintrittst!

CHRISTLICHER CODE

CALIXTUS-KATAKOMBEN

Katakomben sind unterirdische Friedhöfe mit Gängen, die in Felsen geschlagen sind und in denen sich Nischen für die Toten befinden. Die Katakomben von San Callisto (Calixtus) wurden in Rom angelegt, als die christliche Religion verboten war. Also entwickelten die Christen geheime Symbole, um ihren Glauben kundzutun, manche sind in den Felswänden der Katakomben erhalten. Wenn du genau hinschaust, wirst du Tauben, Fische, Phönixe und alte griechische Buchstaben entdecken.

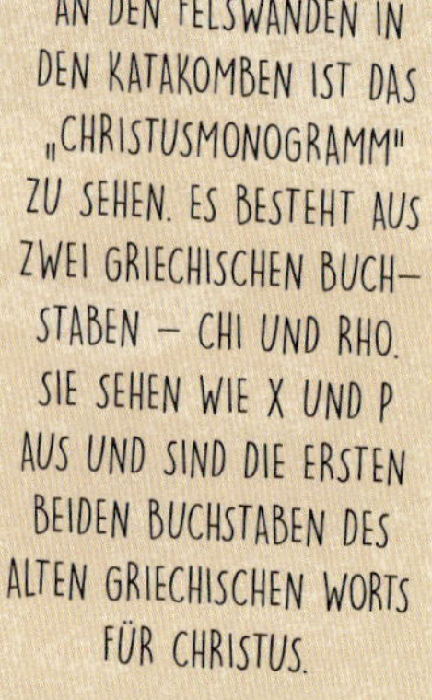

AN DEN FELSWÄNDEN IN DEN KATAKOMBEN IST DAS „CHRISTUSMONOGRAMM" ZU SEHEN. ES BESTEHT AUS ZWEI GRIECHISCHEN BUCHSTABEN – CHI UND RHO. SIE SEHEN WIE X UND P AUS UND SIND DIE ERSTEN BEIDEN BUCHSTABEN DES ALTEN GRIECHISCHEN WORTS FÜR CHRISTUS.

GEHEIMNISVOLLER RAUM

BASILICA DI SAN CLEMENTE

Bei Ausgrabungen unter der Kirche kam ein dunkler, geheimnisvoller heidnischer Tempelraum aus Zeiten des antiken Roms zum Vorschein. Auf dem Altar ist der mythische Gott Mithras abgebildet, wie er gerade einen Stier tötet. Die Anhänger Mithras' trafen sich in Höhlen und hielten dort ihre Zeremonien ab. Viel ist über sie nicht bekannt. Wir wissen aber, dass sie feierliche Mahlzeiten eingenommen haben, weil sie ihre Essensreste in eine Grube im Tempel geworfen haben.

START

KATAKOMBEN VON SAN CALLISTO

BASILICA DI SAN CLEMENTE

GLADIATORENSCHULE

LUDUS MAGNUS

Hier wurden früher Gladiatoren ausgebildet, die später durch unterirdische Gänge ins Kolosseum zogen, um dort zu kämpfen (s. Seite 42). Du kannst die kleinen Kammern besichtigen, in denen die jungen Kämpfer in der Zeit ihrer Ausbildung wohnten. Besucher konnten zuschauen, wie sie trainierten oder zur Probe mit hölzernen Übungsschwertern kämpften.

NUR WENIGE GLADIATOREN WURDEN ÄLTER ALS 30. WER ES SCHAFFTE, KONNTE ALS WOHLHABENDE BERÜHMTHEIT DEN RUHESTAND ANTRETEN. NICHT ALLE GLADIATORENKÄMPFE ENDETEN MIT DEM TOD – ES WAR WOHL „NUR" JEDER FÜNFTE.

DAS VERLIES DES KAISERS

CARCERE MAMERTINO

In dem Hochsicherheitsgefängnis im antiken Rom gab es unten im Keller einen Kerker, das *Tullianum*. Glücklose Gefangene wurden in den feuchten, dunklen Raum geworfen, manche kamen dort auch ums Leben. Der Apostel Petrus soll in der Zeit, in der er hier eingesperrt war, ein Wunder vollbracht haben. Es heißt, dass er den Felsen berührt habe, woraufhin Wasser austrat, mit dem er dann andere Gefangene taufen konnte.

LUDUS MAGNUS

CARCERE MAMERTINO

FUSSBODEN MIT WÖLBUNG

DAS PANTHEON UND SEIN FUSSBODEN

Man schaut immer nur hinauf zu der berühmten Kuppel des Pantheon (s. Seite 92). Schaut man aber nach unten auf den Marmorfußboden, wird man feststellen, dass sich der Boden in der Mitte leicht nach oben wölbt (das nennt man konvex). So kann das Regenwasser durch die Öffnungen am Rand der Wölbung abfließen. Der Regen fällt durch den *oculus* (das Loch oben in der Kuppel), der von den alten Römern als Tor zwischen den Menschen unten und den Göttern oben angesehen wurde.

HEREIN INS ANTIKE ROM!

PALAZZO VALENTINI

Hier wurden die unterirdischen Ruinen von zwei großartigen Herrenhäusern mit gut erhaltenen Fußbodenmosaiken gefunden. Mithilfe einer Multimedia-Show kannst du dir mit eigenen Augen anschauen, wie die Zimmer aussahen, kannst die Menschen treffen, die hier einst wohnten und sogar erleben, wie es auf einen römischen Garten regnet. Aber es spielte sich hier auch eine Tragödie ab. In einem der größten Räume gibt es ein zersplittertes Mosaik mit Brandschäden – hier hat es offenbar mal gebrannt.

PALAZZO VALENTINI

PANTHEON

Suche: HEILIGER GRAL

EIN GUTES VERSTECK

Es heißt, dass Papst Sixtus II. nicht wollte, dass Kaiser Valerian den Heiligen Gral (ein ganz besonderer Becher, der mit Jesus in Verbindung gebracht wird) berührt. Deshalb gab er ihn dem hl. Laurentius, der ihn verstecken sollte. Einige glauben, dass sich der Heilige Gral in der Nähe vom Grab des hl. Laurentius in Rom befindet.

DIE INITIALEN ROMS

GULLYDECKEL

Auf allen Gullydeckeln in Rom wirst du die Buchstaben S.P.Q.R. entdecken. Sie bedeuten *Senatus Populusque Romanus*, was so viel heißt wie „Senat und Volk von Rom". Diese Buchstaben findest du übrigens auch an den *nasoni*-Brunnen (s. Seite 18). Sie stammen aus dem antiken Rom und standen auch schon auf den Kriegsflaggen der römischen Armee.

WAS SCHWIMMT DENN DA?

DER TIBER

Touristen sind manchmal verdammt überrascht, wenn sie von einer Brücke Roms runter auf den Tiber gucken und plötzlich sonderbare Kreaturen erblicken, die wie eine Mischung aus Riesenratte und Biber aussehen. Es sind Nutrias. Sie stammen eigentlich aus Südamerika. Wegen ihres schönen Fells und schmackhaften Fleischs brachte man sie einst nach Italien, um sie zu züchten. Ein paar von ihnen sind aber ausgebüchst und tummeln sich jetzt im Tiber.

ÜBERALL IN DER STADT

DER TIBER

WIE GRUSELIG!

Wie jede Stadt, so hat auch Rom Grausiges zu bieten. Diese Tour führt in einige wirklich gruselige Ecken. Du wirst Mumien, Körperteile, sogar den Abdruck einer Teufelskralle zu Gesicht bekommen. Und obendrein wartet eine blutrünstige Gladiatoren-Show auf dich!

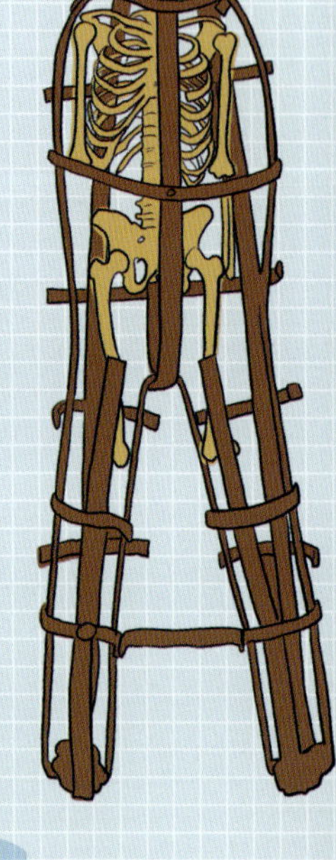

ECHTE UND FALSCHE MUMIEN

GREGORIANISCH-ÄGYPTISCHES MUSEUM

In den Vatikanischen Museen gibt es neun Mumien aus dem alten Ägypten und 18 mumifizierte Körperteile. Es hat sich aber herausgestellt, dass einige davon Attrappen sind. Wissenschaftler haben herausgefunden, dass zwei der kleinsten Mumien in echte Mumienbinden gewickelt sind, die Knochen aber aus späteren Jahrhunderten stammen. Bei einer fand sich sogar ein Eisennagel aus dem 19. Jahrhundert.

MUSEUM DES GRAUENS

KRIMINOLOGISCHES MUSEUM

In dem (wegen Sanierung geschlossenen) furchteinflößenden Museum wurden früher Gefängniswärter unterrichtet. Es beherbergt eine Sammlung von echten Mordinstrumenten, Bestrafungsutensilien und Geschichten über Verbrechen. Eins der gruseligsten Ausstellungsstücke ist der Milazzo-Käfig, ein Käfig in Menschenform, in den die sterblichen Überreste eines Verbrechers gehängt wurden. So konnte sich jeder ein Bild von dem Bösewicht machen. Er wurde mitsamt Skelett in der Mauer eines sizilianischen Gefängnisses gefunden.

GREGORIANISCH-ÄGYPTISCHES MUSEUM

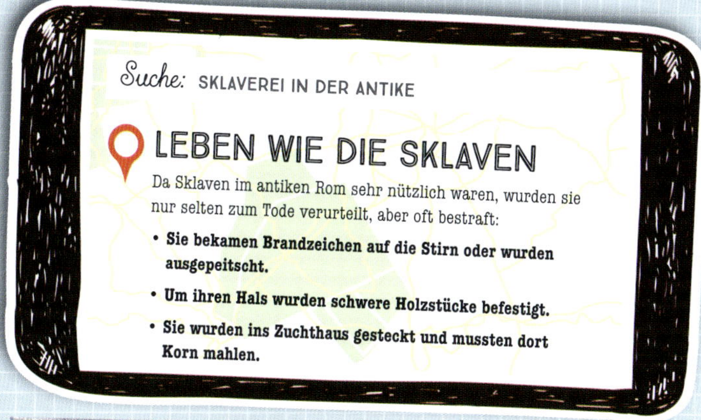

Suche: SKLAVEREI IN DER ANTIKE

LEBEN WIE DIE SKLAVEN

Da Sklaven im antiken Rom sehr nützlich waren, wurden sie nur selten zum Tode verurteilt, aber oft bestraft:

- **Sie bekamen Brandzeichen auf die Stirn oder wurden ausgepeitscht.**
- **Um ihren Hals wurden schwere Holzstücke befestigt.**
- **Sie wurden ins Zuchthaus gesteckt und mussten dort Korn mahlen.**

DIE KLIPPE DER BESTRAFUNG

DER TARPEJISCHE FELS

Von dieser Klippe des Kapitolhügels wurden Mörder und Verräter früher in den Tod gestoßen. Nach der Legende soll im Krieg der Sabiner (Krieg zwischen Rom und einem benachbarten Volk) eine Frau namens Tarpeia die Römer verraten haben. Sie erklärte sich damit einverstanden, ein Tor zu öffnen und die Sabiner in die Stadt zu lassen. Als Gegenleistung wollte sie das haben, was sie an ihren linken Armen trugen, nämlich die goldenen Armreifen. Als die Sabiner aber drinnen waren, zerquetschten sie sie mit ihren Schilden, die sie am linken Arm trugen, und warfen sie dann den Fels runter.

TARPEJISCHER FELS

BASILICA DI SANTA SABINA

STEINFESTER HEILIGER

BASILICA DI SANTA SABINA

Auf einer Säule in dieser Kirche befindet sich ein rätselhaft glänzender schwarzer Stein voller Riefen und Löcher. Sie sollen von den Klauen des Teufels höchstpersönlich stammen! In einer Geschichte vom Teufel heißt es, dass der hl. Dominikus im Jahr 1220 gerade vor dem Kirchenaltar betete, als der Teufel kam und ihn in Versuchung führen wollte. Als Dominikus seinen feurigen Besucher ignorierte, verlor der „König der Hölle" die Nerven, riss einen Stein vom Dach, schleuderte ihn runter und musste feststellen, dass er von dem heiligen Mann unten ganz einfach abprallte.

SKULPTURENMUSEUM CENTRALE MONTEMARTINI

SKULPTUREN UND IHRE GESCHICHTEN

SKULPTURENMUSEUM CENTRALE MONTEMARTINI

Mit der Kunst der alten Römer sind oft grausame Mythen verbunden. Zum Beispiel steht in diesem Museum eine Skulptur des armen geschundenen Marsyas, ein mythischer Diener der Götter, der der Meinung war, besser Musik spielen zu können als der Gott Apollon. Er beging den Fehler, ihn zu einem Musikwettbewerb herauszufordern, verlor und wurde getötet. Eine grausame Art, einen Talentwettbewerb zu verlieren!

WAND VOLLER ALBTRÄUME

CHIESA DI SANTO STEFANO ROTONDO

In dieser eigentlich wunderschönen Kirche gibt es 36 grauenvolle und Furcht erregende Wandgemälde. Sie wurden in den 1500er-Jahren gemalt und zeigen die verschiedenartigen Hinrichtungen frühchristlicher Märtyrer. Über den Gemälden stehen die Namen der Kaiser, die diese schrecklichen Exekutionen angeordnet haben.

ALS DER ENGLISCHE SCHRIFTSTELLER CHARLES DICKENS 1845 DIE WANDGEMÄLDE SAH, WAR ER SCHOCKIERT UND SCHRIEB: „EIN SOLCHES PANORAMA DES SCHRECKENS UND GEMETZELS KANN SICH KEIN MENSCH IM TRAUM VORSTELLEN, SELBST WENN ER EIN GANZES SCHWEIN ZU ABEND VERSPEISTE."

CHIESA DI SANTO STEFANO ROTONDO

KNOCHENDEKOR

KAPUZINERKLOSTER

Die Kapuzinermönche, die von 1528 bis 1870 hier lebten, wollten stets an die Vergänglichkeit des Lebens erinnert werden. Also schmückten sie die Krypta ihrer Kirche mit den Gebeinen von etwa 4000 Mönchen – so hatten sie den Tod immer vor Augen. Sie benutzten die Knochen zu so ziemlich allem: als Bilderrahmen, Wanddeko, Torbögen, Lampenhalterungen ... Zudem hängen mumifizierte Mönche in Roben herum, von denen einige als Wandleuchten dienten.

KAPUZINERKLOSTER

ÜBERALL IN DER STADT

SCHRECKLICH? HEILIG!

RELIGIÖSE RELIQUIEN

In Roms Kirchen gibt es viele religiöse Reliquien, also Überreste vom Körper oder von Gebrauchsgegenständen von Heiligen. Nichtkatholiken mögen sie gruselig erscheinen, für Katholiken sind sie heilig. Sie werden im Allgemeinen in reich verzierten Schreinen in den einzelnen Kapellen aufbewahrt.

ROMS TOPRELIQUIEN

Die Gebeine von Apostel **Petrus**.

Die Köpfe der Apostel **Petrus und Paulus.**

Der Kopf von **Johannes dem Täufer** (weltweit gibt es vier davon!!).

Die Gebeine der **hl. Cäcilie** und die vermeintlichen Reste des Bads, in dem sie ermordet wurde.

Der Finger des **hl. Thomas**. Laut Bibel hat er damit die Wunde Jesus' berührt, nachdem dieser von den Toten auferstanden war.

Der Kopf des **hl. Valentin**. In der Kirche Santa Maria in Cosmedin kannst du die Reliquie seines Schädels bewundern.

TODESSPIELE

DAS KOLOSSEUM

Seit 80 n. Chr. war das Kolosseum der Ort, an dem die Bewohner des alten Roms sich tagtäglich kostenlos Spiele anschauen konnten, die vom Kaiser oder von bedeutenden Senatoren veranstaltet wurden. Es gab blutrünstige Kämpfe zwischen Gladiatoren, Verbrecher wurden hingerichtet oder wilde Tiere gejagt.

SCHNAPP IHN DIR!

Gelegentlich wurden Holzbälle mit Gewinnmarken ins Publikum geworfen, so konnte man Geld, Essen und sogar Grundstücke in Rom gewinnen. Manchmal kam es zu regelrechten Schlachten unter den Zuschauern, die unbedingt einen Ball ergattern wollten.

DAS KOLOSSEUM

AUF LEBEN UND TOD

Gladiatoren waren Kriegsgefangene, Sklaven oder Menschen, die dermaßen verschuldet waren, dass sie ihr Leben riskierten, um an Geld zu kommen. Gladiatoren, die überlebten, wurden Berühmtheiten, bekamen ihre Freiheit zurück und konnten ihren Lebensabend in Wohlstand genießen. Wer aber in der Arena sein Leben ließ, wurde an einem Haken durch das „Tor des Todes“ hinausgeschleift. Wer nur halbtot war, bekam mit einem Hammer den Rest.

TIERE IN DER ARENA

Auch Tausende von Tieren starben im Kolosseum. Die Organisatoren der Spiele ließen exotische Wesen auf Schiffen nach Rom bringen. Ängstliche und verwirrte Flusspferde, Tiger, Löwen, Giraffen, Bären und andere Tiere wurden in die Arena befördert, wo sie zur Unterhaltung der Zuschauer getötet wurden. Anschließend wurde ihr Fleisch dann von den Schlachtern verkauft.

WER SITZT WO?

VIPs hatten die besten Sitzplätze, Frauen und Sklaven die schlechtesten. Ihre Plätze waren ganz oben, die Action unten konnten sie kaum noch erkennen. An heißen Tagen beschattete ein riesiges Sonnensegel die Ränge, manchmal wurden die Zuschauer auch mit Duftwasser besprenkelt.

50000 MENSCHEN PASSTEN INS KOLOSSEUM.

80 ZUSCHAUEREINGÄNGE GAB ES. ES MUTET WIE EIN MODERNES SPORTSTADION AN – MIT NUMMERIERTEN SITZPLÄTZEN.

DEN BAU DES KOLOSSEUMS ERLEDIGTEN VOR ALLEM SKLAVEN, WICHTIGSTE BAUMATERIALIEN WAREN STEINE – UND DAS NEUE WUNDERMATERIAL BETON.

UNTER DER ARENA

Unter der Arena befanden sich die düsteren, drückend heißen Zellen, in denen Gladiatoren und verurteilte Verbrecher sowie in Käfigen gehaltene Tiere auf ihren Auftritt warteten. Wer an der Reihe war, wurde von Sklaven mithilfe von Winden an Seilen durch Falltüren nach oben gezogen.

ANDERES DENKEN

ES IST SCHWER FÜR UNS, DIE PURE BRUTALITÄT DER SPIELE IM ANTIKEN ROM UND IHRE BELIEBTHEIT ZU BEGREIFEN. OFFENBAR TICKTEN DIE ALTEN RÖMER GANZ ANDERS ALS WIR HEUTE. SIE BETRACHTETEN DIE BEI DEN SPIELEN UMS LEBEN GEKOMMENEN WAHRSCHEINLICH ALS OPFERGABEN AN DIE GÖTTER UND DACHTEN, DASS ES AUF GEWISSE ART UND WEISE NOBEL SEI, SO ZU ENDEN. FÜR SIE WAR DAS LEBEN VON SKLAVEN ODER KRIEGSGEFANGENEN, DIE GEZWUNGEN WURDEN, GLADIATOREN ZU WERDEN, NICHTS WERT.

PARTY TIME

Rom hat einen einzigartig mit Festen vollgestopften Kalender, von Konfettiregen und Kissenschlachten bis hin zu mirakulösen Schneefällen und ganz speziellen Tagen für Haustiere. Also nichts wie rein ins Vergnügen! Ums Essen brauchst du dir keine Sorgen zu machen. Auf den Festen gibt's viele Leckereien.

OK! ES IST NEUJAHR!

SPRUNG VOM PONTE CAVOUR

Am 1. Januar jeden Jahres treffen sich die Römer am Ponte Cavour, um die waghalsigen Brückenspringer zu beobachten, die von der 18 m hohen Brücke in den eiskalten Tiber springen. Gegen Mittag stürzen sie sich in die Tiefe. Von 1996 bis 2015 war der Star der Show ein Rettungsschwimmer. Als er in den Ruhestand ging, ernannte ihn der Bürgermeister Roms zum „Wächter des Tibers" .

PONTE CAVOUR

KARNEVAL

PIAZZA DEL POPOLO

Zu Karneval gibt es einen Umzug durch die Stadt. Dann eilen die Kinder lustig verkleidet zur Piazza del Popolo und werfen bunte *coriandoli* (Konfetti) in die Luft. Der Karneval findet traditionell im Februar oder März zehn Tage vor Aschermittwoch statt, danach beginnt für Christen die Fastenzeit.

JEDER ACHTET PENIBEL DARAUF, SEINEN ANTEIL AN KARNEVALSLECKEREIEN ZU BEKOMMEN

~* FRAPPE *~

SCHMALZGEBÄCKSTREIFEN

* CASTAGNOLE *

FRITTIERTE TEIGBÄLLCHEN MIT EINEM HAUCH PUDERZUCKER

EIN TOLLER TAG FÜR WEICHLINGE

KISSENSCHLACHT, PIAZZA SANTA MARIA

Ende April versammelt sich ein Flashmob auf diesem Platz mit Kissen unterm Arm. Einige kommen im Schlafanzug und in Puschen hierher. Wenn am internationalen Tag der Kissenschlacht um 18 Uhr die Kirchenglocken läuten, fallen sie wie die Wilden mit ihren Kissen übereinander her. Dieser Event findet seit 2006 in Städten auf der ganzen Welt statt. Die Römer lieben diese Schlacht über alles!

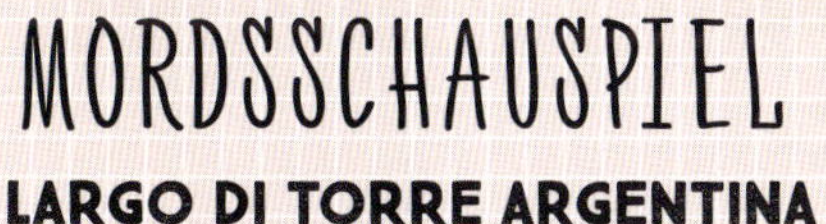

MORDSSCHAUSPIEL

LARGO DI TORRE ARGENTINA

Im Jahr 44 v. Chr. wurde der römische Politiker Julius Caesar genau an dieser Stelle vor einer Versammlungshalle von Senatoren ermordet. Alljährlich verkleiden sich die Mitglieder einer historischen Gesellschaft und spielen das Ereignis nach, das an den „Iden des März“ (15. März) stattfand. Zu den Angreifern gehörte auch Caesars früherer Freund Brutus, der vielleicht sogar sein Sohn war. Caesars berühmte letzten Worte lauteten: *„Tu quoque, Brute, fili mi!“* („Auch du, mein Sohn Brutus?“)

HAPPY BIRTHDAY

NATALE DI ROMA, HAUPTSÄCHLICH AUF DEM CAMPIDOGLIO & IM CIRCUS MAXIMUS

Am 21. April sind alle Gladiatoren und römischen Soldaten auf den Beinen und paradieren durch die Stadt, um die Gründung Roms zu feiern. Man sagt, dass die Stadt 753 v. Chr. gegründet wurde (auf S. 10 kannst die ganze Geschichte nachlesen), und das bedeutet, dass es schon verdammt viele Geburtstagspartys gab!

JEDES JAHR WIRD ANLÄSSLICH DES JAHRESTAGS DER GRÜNDUNG ROMS EIN LOCH GEBUDDELT, IN DAS DIE ERSTEN FRÜCHTE DER SAISON GEWORFEN WERDEN. MIT DIESER OPFERGABE WOLLEN DIE RÖMER DIE GÖTTER GÜNSTIG STIMMEN.

SCHNEE IM SOMMER

FEST DER GOTTESMUTTER DES SCHNEES, BASILICA DI SANTA MARIA MAGGIORE

Am 5. August, mitten im römischen Hochsommer, fällt Schnee auf diese Kirche. In Wirklichkeit sind es weiße Rosenblätter, die den wundersamen Schnee repräsentieren, der nach der Legende hier im Jahre 352 gefallen und für den Grundriss der Kirche verantwortlich sein soll. Weil das als ein heiliges Zeichen der Jungfrau Maria angesehen wurde, errichtete man genau an dieser Stelle eine Kirche.

BASILICA DI SANTA MARIA MAGGIORE

Suche: RÖMISCHE FEIERTAGE

150 Feiertage gab es im antiken Rom.

PASQUETTA
Am Ostermontag wird der Frühlingsbeginn gefeiert. Dann machen viele Familien ein Picknick.

ALLERHEILIGEN
Am 1. November legen Italiener Blumen am Grab ihrer verstorbenen Familienmitglieder nieder.

CHIESA DI SANT'EUSEBIO

ÜBERALL IN DER STADT

TIERSEGNUNG

SEGNUNG DER HAUSTIERE, CHIESA DI SANT'EUSEBIO

Der 17. Januar ist der katholische Gedenktag des hl. Antonius des Großen, des Schutzpatrons der Tiere. An diesem Tag können die Bewohner Roms ihre Lieblinge in diese Kirche bringen, damit sie gesegnet werden. Katzen, Hunde und Vögel hocken beisammen und lauschen den Worten des Priesters, danach werden sie von ihren Besitzern nach draußen gebracht, wo ein Tierchen nach dem anderen gesegnet wird. Und sollte ein Tier mal nicht persönlich erscheinen können – ein Foto reicht auch für die Segnung!

FOOD-FESTE

ÜBERALL IN DER STADT

In verschiedenen Bezirken Roms gibt es diverse Feste mit besonderem Essen und ganz unterschiedlichen Partys. Am 19. März findet das Fest des hl. Giuseppe statt, dann futtern die Römer kleine, mit Vanillepudding gefüllte Bällchen namens *bignè di San Giuseppe*. Am 23. Juni, dem Fest des hl. Giovanni, stürzen sich alle auf *lumache in umido*, geschmorte Schnecken, und zu Ostern veranstalten viele Bewohner der Stadt ein Picknick mit einer *torta pasqualina*, einer köstlichen Käse-Ei-Pastete.

AB AUF DIE BÜHNE!

Rom ist schon seit Jahrtausenden eine Bühne für Theater, Musik und Poesie. Und heute ist die Stadt auch noch ein Film-Mekka. Scheinwerfer an! Kamera an! Action! Los geht's zu Orten, an denen du die Hauptrolle spielen kannst.

AUDITORIUM PARCO DELLA MUSICA

GUTER SOUND

AUDITORIUM PARCO DELLA MUSICA

Diese drei gigantischen Häuser werden manchmal auch liebevoll Käfer, Schildkröte und Computer-Maus genannt. Mit 2 Mio. Besuchern pro Jahr gehören diese Konzerthallen zu den meistbesuchten der Welt. Aufgrund der Form ist die Akustik (Klangqualität) in den Sälen hervorragend. Der Architekt Renzo Piano hat Laserstrahlen an die Wände projiziert, um rauszukriegen, wie sich Klangwellen hier verhalten. Die Decken und Wände in den Innenräumen hat er so entworfen, dass sie beweglich sind, so kann die Akustik an die Bedürfnisse des jeweiligen Künstlers angepasst werden.

HIPHOP-FIEBER

MUSIKFEST

Hiphop und Rap sind in Rom sehr beliebt. Jedes Jahr findet ein großes internationales Hiphop-Festival statt, auf dem DJs aus aller Herren Länder am Plattenteller stehen. Wenn du willst, kannst du aber auch nur abschalten, relaxen und Breakdancer bestaunen.

ÜBERALL IN DER STADT

SCHNELL ZUM TIBER RUNTER

LUNGOTEVERE

In dem Film *James Bond 007: Spectre* findet eine unglaubliche Autojagd statt. Es geht 68 Stufen eine Treppe runter und weiter entlang der schmalen Uferstraße am Tiber. Das aus 400 Personen bestehende Filmteam und Froschmänner sahen zu, wie Stuntmen immer und immer wieder die Stufen in einem Aston Martin DB10 und einem Jaguar C-X75 runterrasten, bis endlich alles wie gewünscht im Kasten war. Vor dem Tag dieses Drehs wurden die riskanten Autorasereien drei Wochen lang auf einem stillgelegten Flugfeld in der Nähe von Rom geübt.

BÖSE PUPPE

TEATRINO DI PULCINELLA GIANICOLO

An jedem Wochenende treten hier die italienische Puppe Pulcinella und andere berühmte Charaktere auf. Pulcinella trat zum ersten Mal vor 200 Jahren in Erscheinung. Ihr Name bedeutet „kleines Hühnchen", in anderen Ländern ist sie als Kasperle bekannt. In Italien hat Pulcinella eine Höckernase und eine Piepsstimme, ist weiß gekleidet und hat eine schwarze Maske. Sie ist habgierig, schlau und schlecht gelaunt, isst gern Makkaroni und mag es, andere Puppen mit einem Holzlöffel zu verprügeln!

NACHTS IN DER OPER

BASILICA DI SANT'ANDREA DELLA VALLE

Diese wunderschöne Kirche war Schauplatz einer der berühmtesten Opern der Welt – *Tosca* von Giacomo Puccini –, die an mehreren Orten in Rom spielt. Hier kannst du Opernliebhaber beobachten, die über Kopfhörer der Musik lauschen und die Atmosphäre der Szenerie in sich aufsaugen. *Tosca,* die 1900 erstmals in Rom aufgeführt wurde, handelt von Liebe, Gaunerei, Politik und Mord. Die politische Thematik hatte ein paar Leute verärgert, und kurz vor der Premiere kam es zur Androhung von Gewalt. Als der Vorhang aufging, war das Geschrei des Publikums zu hören und der verschreckte Komponist dachte, dass die Sache böse ausgehen würde. Seine Sorge war aber unbegründet. Das Publikum beschimpfte jeden, der zu spät zur Vorstellung kam.

BASILICA DI SANT'ANDREA DELLA VALLE

VERDAMMT GUTE AUFFÜHRUNGEN

MARCELLUSTHEATER

Vor 2000 Jahren kamen im antiken Rom bis zu 11 000 Menschen in dieses Theater. Die Aufführungen waren aber keine Theatershows wie bei uns heute. Die Schauspieler trugen Kostüme und Masken, um die jeweiligen Charaktere darzustellen. Es kam vor, dass zwei Schauspieler eine Figur spielten – einer las die Texte und ein zweiter handelte nach dem Vorgelesenen. Es wurden entweder Komödien oder Tragödien aufgeführt. Manchmal wurden sogar im richtigen Leben zum Tod verurteilte Verbrecher als Teil der Handlung auf der Bühne getötet.

Farbschema für Theaterrollen:

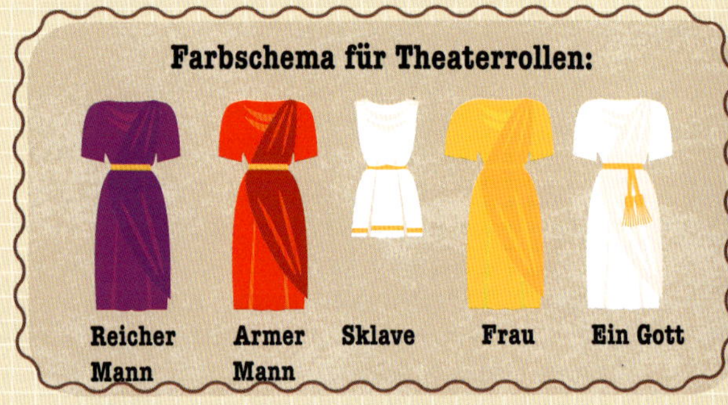

LAUFENDE KAMERAS IN ROM

CINECITTÀ STUDIOS

Über 3000 Filme wurden in dem größten Filmstudio Europas schon produziert. Hier kannst du gelegentlich an Workshops teilnehmen und lernen, wie Latex-Masken für Special Effects hergestellt werden. Wenn du Lust hast, kannst du auch in den Nachbau eines U-Boots klettern, in dem schon mal ein Film gedreht wurde. Viele Filme und TV-Serien, die im antiken Rom spielen, wurden hier gedreht, z. B. der Klassiker *Ben Hur* und eine Episode aus *Doctor Who*, für die Pompeji nachgebaut wurde, wie es vor 2000 Jahren aussah, kurz vor dem Ausbruch des Vesuvs.

BÜHNENSCHAUSPIEL

THEATER IN OSTIA ANTICA

Das Theater im antiken Rom hatte Platz für 4000 Zuschauer. Es ist für seine gigantischen Steinmasken bekannt, die einst das Gebäude schmückten. Jeder Darsteller trug eine lächelnde, anzüglich grinsende, traurige oder wütende Maske, und jeder Rolle war eine bestimmte Farbe zugeordnet (siehe unten), um es den Zuschauern zu erleichtern, der Handlung zu folgen. Männliche Rollen waren durch braune Masken, weibliche – die ebenfalls von Männern gespielt wurden – durch weiße gekennzeichnet. Die Masken verstärkten die Stimmen der Schauspieler, ihr Ausdruck wurde überspitzt dargestellt. So konnte jeder im Publikum verstehen, was auf der Bühne geschah.

MIR NACH!

Rom ist die Hauptstadt Italiens und steht seit eh und je im Mittelpunkt der Weltgeschichte. All die vielen Herrscher dieser Stadt haben hier ihre Spuren hinterlassen. Folge ihnen einfach und herrsche auf deine eigene Art über Rom. Begib dich auf den Pfad der Macht und entdecke einige Geheimnisse der VIPs von gestern und vorgestern.

MAUERN FÜR BESORGTE RÖMER

MAUERMUSEUM

Im 3. Jh. n. Chr. wurden diese römischen Mauern samt Wachtürmen rund um die Stadt errichtet, um Barbaren aus dem Norden daran zu hindern, in Rom einzufallen. So richtig hat das aber nicht geklappt. 410 wurde Rom von den Westgoten aus der Gegend, die wir heute Deutschland nennen, angegriffen. Eines der 18 Stadttore wurde geöffnet, wohl von rebellischen Sklaven. Von König Alarich angeführt, strömten die Westgoten in die Stadt, übernahmen die Kontrolle und griffen sich alles Wertvolle, das sie finden konnten.

19 KM
LANG IST DIE MAUER

380
WACHTÜRME HAT DIE MAUER

LOCH MIT HAUS

GOLDENES HAUS

Zwischen 65 und 68 ließ der römische Kaiser Nero einen riesigen Palast für sich errichten. Weil das Haus nur so strotzte von feinstem Marmor, Edelsteinen und vergoldeten Wänden, bekam es den Spitznamen Goldenes Haus. Kaum dass die Baumeister fertig waren, wurde Nero gestürzt und zum Tode verurteilt. Bevor ihn seine Feinde aber schnappen konnten, nahm er sich selbst das Leben. In den 1400er-Jahren fiel ein Bewohner Roms in ein Loch und war verblüfft, als er sich in einer Höhle mit wunderschön bemalten Wänden wiederfand. Er hatte ganz zufällig die Reste des Goldenen Hauses entdeckt.

2009 ENTDECKTEN ARCHÄOLOGEN DEN SICH DREHENDEN SPEISESAAL IM GOLDENEN HAUS. WÄHREND NEROS GÄSTE HIER SCHLEMMTEN, DREHTE SICH DER RAUM LANGSAM UND DIE GÄSTE WURDEN MIT BLÜTENBLÄTTERN UND PARFUM BETRÄUFELT.

MAUERMUSEUM

GOLDENES HAUS

ÜBERALL IN DER STADT

DIE PÄPSTLICHEN SCHLÜSSEL

DIVERSE ORTE

Seit vielen Jahrhunderten führen Päpste von Rom aus die katholische Kirche. In der ganzen Stadt wurden in ihrem Auftrag Gebäude und Springbrunnen errichtet. Jeder Papst brachte sein Wappen an dem Bauwerk an, um seine Großzügigkeit zu zeigen. Mach dich auf die Suche nach zwei großen Schlüsseln und einem aus drei Kronen bestehenden Kopfschmuck. Die Schlüssel symbolisieren die Schlüssel zum Himmelreich, der Kopfschmuck wurde einst von Päpsten getragen. Oben auf dem Trevi-Brunnen (Seite 20) kannst du einen entdecken.

Suche: WAREN RÖMISCHE KAISER NETT?

DIE LAUNEN DER KAISER

Friedlich – Unter Augustus war Rom stabil.
Arrogant – Caligula wollte wie ein Gott behandelt werden!
Skrupellos – Claudius hat seine Frau ermordet.
Herrisch – Nero, der für den Großen Brand Roms verantwortlich gemacht wird, zeigte mit dem Finger auf die Christen.
Beschützend – Hadrian verkleinerte das Römische Reich und ließ zum Schutz Mauern errichten.

SEPTIMIUS-SEVERUS-BOGEN

STEINERNER BEWEIS

SEPTIMIUS-SEVERUS-BOGEN

Ursprünglich wurde dieser Triumphbogen zu Ehren des römischen Kaisers Severus und seiner beiden Söhne, Geta und Caracalla, errichtet. Als Severus starb, ermordete Caracalla seinen Bruder und übernahm die Herrschaft. Er ließ jeden Hinweis auf seinen Bruder von dem Bogen entfernen, so als habe es Geta nie gegeben. Es ist aber noch erkennbar, wo der Name weggemeißelt wurde. Der Beweis für Caracallas Verbrechen ist also auch nach fast 2000 Jahren noch zu sehen.

TATORT ENTDECKT

LARGO DI TORRE ARGENTINA

Du weißt ja schon, dass Julius Caesar hier ermordet wurde (siehe S. 7), aber wo genau geschah das? 2012 entdeckten Archäologen den genauen Tatort, als sie eine große Plattform ausbuddelten. Aus römischen Schriften ist bekannt, dass sie sofort nach der Ermordung errichtet wurde, um den Ort des tödlichen Angriffs zu markieren.

LARGO DI TORRE ARGENTINA

QUIRINALSPALAST

SITZ DES PRÄSIDENTEN

QUIRINALSPALAST

In diesem großen Palast voller prächtiger Deko, Kunst und Gobelins hat der italienische Präsident seinen Amtssitz. Wenn berühmte Gäste aus der ganzen Welt in der Stadt sind, finden hier große Bankette statt. Zu den außergewöhnlichsten Schätzen des Palastes gehört die Brunnenorgel im Garten. Die Klaviatur wird durch den Druck eines Wasserfalls angetrieben.

DIE ELITETRUPPEN DER EHRENGARDE DES PRÄSIDENTEN, DIE *CORAZZIERI*, KANNST DU HIER BEI WICHTIGEN ANLÄSSEN BEWUNDERN. SIE TRAGEN BEEINDRUCKENDE UNIFORMEN UND HELME MIT EINEM ROSSHAARSCHWEIF OBENDRAUF.

FAMILIENBRUNNEN

BIENEN-BRUNNEN

Viele Päpste kamen aus wohlhabenden Familien, die in ihren eigenen Palästen wohnten. Genau wie die Päpste, die überall in der Stadt ihre Symbole hinterließen, verewigten sich auch berühmte Familien. Die Barberini-Familie hatte Bienen in ihrem Wappen, deshalb speien in diesem Brunnen Barberini-Bienen Wasser. Es hätte aber auch anders kommen können, denn die Barberinis hatten auch Bremsen als Symbol. Sie entschieden sich dann aber doch für etwas Süßes!

Hier ein paar Wappen berühmter Familien in Rom:

Farnese-Familie **Pamphili-Familie** **Chigi-Familie** **Colonna-Familie**

KAISERLICHE FAMILIE

RÖMISCHER ALTAR DES FRIEDENS

Der römische Kaiser Augustus ließ diesen riesigen Altar errichten, um den Göttern Tieropfer zu bringen. Zu sehen ist eine große religiöse Prozession, auf der jeder seine beste Kleidung trägt. Der Altar steht jetzt zum Schutz in einem gigantischen Glaskasten mitten in Rom. Ungewöhnlich ist, dass die ganze kaiserliche Familie zu sehen ist, inklusive Stiefkindern, Nichten und Neffen. Sie mögen auf den Relieffriesen ja recht niedlich aussehen, aber einige von ihnen haben sich später im Kampf um die Macht gegenseitig umgebracht.

BURGLEBEN

ENGELSBURG

Rom hat seinen eigenen Schutzengel, der hoch oben von einer alten Burg mit Geheimgang über die Stadt wacht. Wenn du die Engelsburg erkunden willst, brauchst du nur den Fußstapfen von Angreifern, Verteidigern und unglücklichen Gefangenen zu folgen.

ENGELSBURG

EIN SUPERGRAB

Genau an der Stelle, an der die Burg steht, befand sich einst ein gigantisches römisches Grabmal. Kaiser Hadrian hatte sich hier sein Mausoleum (Grabstätte) errichten lassen. Später wurden auch andere Kaiser hier beigesetzt und schließlich errichtete man obendrauf eine Burg. Besucher betreten sie durch Hadrians Grabkammer. Aber keine Angst, von seinen sterblichen Überresten ist nichts mehr zu sehen. Die wurden vor langer, langer Zeit von Eindringlingen verstreut.

DIE ENGEL KOMMEN

Ihren Namen bekam die Burg im Jahr 590. Damals soll Papst Gregor oben auf den Burgmauern der Erzengel Michael erschienen sein, der ihm prophezeite, dass die Stadt von der Pest befreit werden würde. Die große Bronzestatue des hl. Michael oben auf der Burg sieht aus, als würde sie gleich abheben und sich Rom von oben anschauen wollen.

HADRIAN, DER HIPSTER

Früher stand eine Statue mit Hadrian in einem Triumphwagen oben auf der Burg. Er war der erste römische Kaiser, der sich einen Bart wachsen ließ. Damit trat er eine Modewelle los. Als die Männer im römischen Reich auf den Münzen sein bärtiges Gesicht sahen, taten sie es ihm gleich und ließen sich trendige Bärte wachsen.

EIN MUSEUM VOLLER RÜSTUNGEN

Die Burg beherbergt heute ein Museum mit Waffen und Rüstungen, u. a. auch eine große Holzarmbrust, mit der Speere abgefeuert wurden, und einen antiken Helm, den ein etruskischer Gladiator vor 2500 Jahren getragen hat. Im Hof der Burg liegen stapelweise Kanonenkugeln rum. Sie warten nur darauf, auf Feinde abgeschossen zu werden.

IN DIESER ALTEN BEFESTIGUNGSMAUER VERSTECKT SICH DER *PASSETTO*.

PÄPSTLICHER FLUCHTWEG

Da die Burg die Privatfestung des Papstes wurde, gibt es einen Geheimgang namens *passetto* zwischen Vatikan und Burg. 1494 floh Papst Alexander VI. durch diesen Gang, um den einfallenden Truppen von Karl VII. zu entkommen. Es heißt, dass die Soldaten auf seine weiße Robe geschossen hätten, als er um sein Leben rannte.

16 JAHRE DAUERTE DER BAU DER BURG

48 M HOCH IST DIE ENGELSBURG

5 STOCKWERKE GIBT ES

LUXUSBAD

ALS ROM 1527 ANGEGRIFFEN WURDE, RETTETE SICH PAPST CLEMENS VII. DURCH DEN *PASSETTO* IN DIE BURG. LETZTLICH MUSSTE ER SICH ABER ERGEBEN UND WURDE IN DER BURG EINGESPERRT. ER BESTACH DIE WÄCHTER UND KONNTE SO ALS HAUSIERER (JEMAND DER SACHEN AUF DER STRASSE VERKAUFT) VERKLEIDET ENTKOMMEN. DAS LEBEN IN DER BURG WAR FÜR IHN ABER NICHT ALLZU HART, DENN ER HATTE EIN LUXUSBAD. ES SOLL DAS WELTWEIT ERSTE BAD MIT FLIESSENDEM KALTEM UND WARMEM WASSER GEWESEN SEIN.

SELTSAME WESEN

In Rom wimmelt es nur so von echten Tieren und mythischen Wesen. Auf diesem Spaziergang begegnest du einer Wölfin, einer Katze mit Schatz, einigen seltsamen Türmonstern, einem unverschämten Steinelefanten und ein paar echten in Rom lebenden Tieren.

MAMA IST JÜNGER ALS SIE AUSSIEHT

KAPITOLINISCHE WÖLFIN

Es heißt, dass Romulus und Remus, die Begründer Roms, als Babys von einer Wölfin gerettet wurden (auf Seite 10 erfährst du mehr über die Legende). Im antiken Rom stand eine Statue einer Wölfin, von der man viele, viele Jahre lang annahm, es sei die berühmte Originalstatue aus Bronze. Wissenschaftler glauben jetzt allerdings, dass sie eher aus dem Mittelalter stammt.

KAPITOLINISCHE WÖLFIN

EIN ZUHAUSE FÜR STREUNER

ROMS KATZEN

In Rom leben viele streunende Katzen. Seit einiger Zeit gibt es ein paar Tierheime, in denen sie gefüttert und medizinisch versorgt werden. Eins dieser Heime ist am Largo di Torre Argentina (wo Caesar ermordet wurde), ein weiteres auf einem Friedhof in der Nähe der Cestius-Pyramide, wo Katzen rund um die berühmten Grabstätten der Romantikschriftsteller Keats und Shelley rumtapsen.

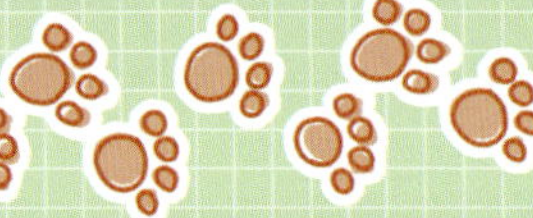

ES IST NICHT ÜBERRASCHEND, DASS SICH IN ROM DERART VIELE KATZEN TUMMELN. ES GAB SIE SCHON IM ANTIKEN ROM. SIE WURDEN AUS ÄGYPTEN IMPORTIERT. DA KATZEN IM ALTEN ÄGYPTEN HEILIG WAREN UND DAS LAND NICHT VERLASSEN DURFTEN, WURDEN SIE VON KATZEN-NAPPERN AUSSER LANDES GESCHMUGGELT.

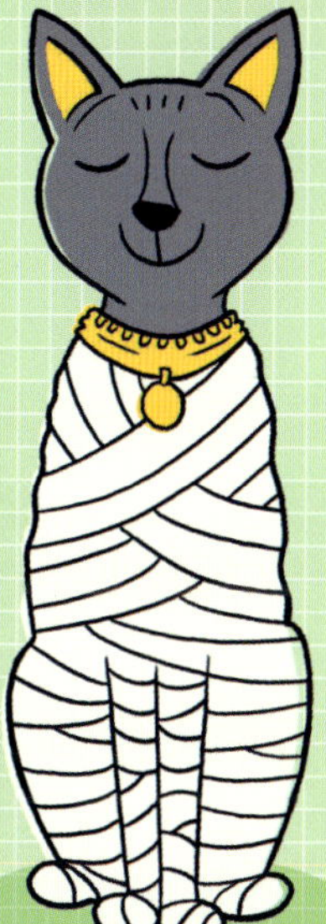

KATZE MIT SCHATZ

VIA DELLA GATTA (STRASSE DER KATZEN)

Eine kleine Marmorkatze am Palazzo Grazioli gibt dieser Straße ihren Namen. Sie kommt wahrscheinlich aus dem antiken römischen Tempel der Isis, in dem Katzen heilig waren. Die Legende besagt, dass die Katze dahin blickt, wo ein großer Schatz versteckt sein soll. Und obwohl schon so manch einer versucht hat, ihrem starren Blick zu folgen, wurden doch noch keine Reichtümer gefunden.

VIA DELLA GATTA

ELEFANTINO

ELEFANTASTISCHE BELEIDIGUNG

ELEFANTINO

Elefantino wurde im 17. Jahrhundert aus Stein gehauen. Er sollte einen alten ägyptischen Obelisken tragen, den man im Garten eines Klosters gefunden hatte. Der dort lebende Priester mochte aber sein Aussehen nicht und bestand darauf, dass ein großer Würfel unter dem Leib des Elefanten befestigt wurde, damit er so richtig schön dick aussah. Der Bildhauer Bernini wurde mit der Änderung beauftragt. Um dem Priester eins auszuwischen, positionierte er den Elefanten mit dem Hinterteil zum Kloster!

ATTACKE!

SIENA-PLATZ

Roms Internationale Pferdeshow findet im Frühjahr statt. Sie ist vor allem für ihr Finale berühmt, denn dann spielen 145 *carabinieri* (Militärpolizisten) einen Angriff der Schlacht bei Pastrengo 1848 nach. Die eine Hälfte der teilnehmenden Pferde ist grau, die andere kastanienbraun. Sie laufen perfekt nebeneinander her und greifen im absoluten Gleichschritt an. Einige verbeugen sich vor dem Publikum, andere wiederum stellen sich nach dem vorgetäuschten Kampf tot.

SIENA-PLATZ

HIER LEBEN MONSTER!

PALAZZO ZUCCARI

Der Architekt und Maler Federico Zuccari beschloss, ein etwas anderes Haus zu bauen. Er ließ Tür und Fenster zum Garten von gigantischen Monstermasken mit klaffenden Mäulern, *mascherone*, einrahmen. Seine Pläne erwiesen sich für Zuccari aber als zu monströs. Der Bau des Hauses trieb ihn fast in den Ruin.

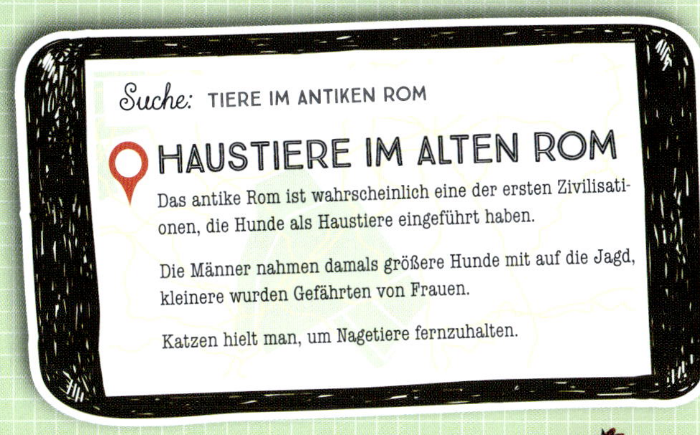

Suche: TIERE IM ANTIKEN ROM

HAUSTIERE IM ALTEN ROM

Das antike Rom ist wahrscheinlich eine der ersten Zivilisationen, die Hunde als Haustiere eingeführt haben.

Die Männer nahmen damals größere Hunde mit auf die Jagd, kleinere wurden Gefährten von Frauen.

Katzen hielt man, um Nagetiere fernzuhalten.

FLUGSHOW

WAS FLIEGT DENN DA?

Etwa eine Million Stare ziehen im Herbst über die Alpen gen Süden. Dabei bilden sie erstaunliche, wie Wirbel aussehende Muster am Himmel, sogenannte Formationen. Sie schießen in Schwärmen herab und steigen dann flugs wieder hinauf in die Lüfte. Ein Problem an der Sache ist der Vogelkot. Aber dennoch lieben die Römer dieses Schauspiel am Himmel, das meist in der Dämmerung geboten wird, wenn die Vögel auf der Suche nach einem Platz für die Nacht sind.

KÜHLES FÜR TIERE

BIOPARCO DI ROMA (ZOO)

Wenn die Temperaturen im Sommer steigen, kann es für die Tiere in Roms Zoo sehr heiß werden. Deshalb kriegen sie spezielle Leckerlis zum Abkühlen. Großkatzen bekommen mit Fleisch gefüllte Eiswürfel, Affen mit Joghurteis und Wassermelone gefüllte Bambusrohre zum Lutschen. Viele der Tiere erhalten Fruchteis am Stiel zum Schlecken, Flusspferden gönnen die Wärter kühle, saftige Wassermelonen!

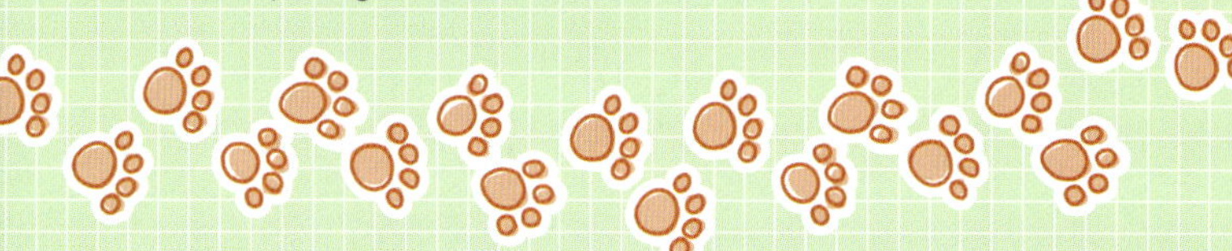

DER HEILIGE WEG

Rom ist die Heimat der katholischen Kirche. Sie hat ihr eigenes Viertel mitten in Rom – die Vatikanstadt. Auf diesem Spaziergang erfährst du zunächst Ungewöhnliches über Basiliken (Kirchen). Danach kannst du es dann all den anderen gleichtun und die Vatikanstadt und den Petersdom besichtigen.

897 ERLEBTE DIE LATERANBASILIKA DIE SOGENANNTE LEICHENSYNODE, WÄHREND DER DER LEICHNAM VON PAPST FORMOSUS AUSGEGRABEN UND IHM DER PROZESS GEMACHT WURDE. GOTT SOLL DARÜBER SO VERÄRGERT GEWESEN SEIN, DASS ER FÜR EIN ERDBEBEN SORGTE, BEI DEM DAS GEBÄUDE SCHWER BESCHÄDIGT WURDE. DAS ERDBEBEN FAND JEDOCH SCHON 896 STATT ...

SCHWITZENDES GRABMAL

LATERANBASILIKA

Diese Basilika ist eine der ältesten Roms. Zu ihren Besonderheiten zählt das Grabmal von Papst Silvester II. Wenn sich das Grabmal (Zenotaph) feucht anfühlt, ist das angeblich ein Zeichen dafür, dass bald ein Kardinal oder ein Bischof stirbt, und wenn es Wasserperlen schwitzt, steht es um den Papst nicht gut. Silvester II. war vor 1000 Jahren Papst. Der Gelehrte, der Mathe und Himmelskunde studiert hatte, wurde von seinen Feinden beschuldigt, als Hexenmeister mit dem Teufel im Bunde zu stehen.

WEIHNACHTSFREUDE

BASILICA DEI SANTI COSMA E DAMIANO

Diese Kirche wurde hinter dem Forum Romanum (siehe S. 6–11) errichtet. Zur Weihnachtszeit kommen viele Menschen hierher, um die wunderschöne *presepio* (Weihnachtskrippe) aus dem 18. Jahrhundert zu bewundern. Wer genau hinsieht, kann zwischen römischen Ruinen in Miniaturausgabe Hunderte winziger Tiere und Menschen entdecken. Solche Weihnachtskrippen wurden und werden traditionell in Neapel hergestellt.

LATERANBASILIKA

BASILICA DEI SANTI COSMA E DAMIANO

IGNATIUSKIRCHE

TOLLER FAKE

IGNATIUSKIRCHE

An der Decke dieser Kirche gibt es eine ganz wunderbare optische Täuschung – eine gemalte Kuppel. Offenbar reichte das Geld der Kirche nicht für eine echte Kuppel. Deshalb wurde der Künstler Andrea Pozzo beauftragt, eine überzeugend echt aussehende, gewölbte Kuppel auf eine ebene Fläche zu malen. Nicht nur, dass die Kuppelform eine Täuschung ist, das Gemälde selbst ist ebenfalls ein Fake. Pozzos Meisterwerk wurde durch ein Feuer zerstört und 1823 nach seinen Vorlagen neu gemalt.

SAN PIETRO IN VINCOLI

STATUE MIT FEHLERN

SAN PIETRO IN VINCOLI

Der berühmte Michelangelo schuf die Skulptur des Moses für das Grab eines Papstes in dieser Kirche. Moses ist sitzend 2,4 m hoch. Er hat kräftige, muskulöse Arme, einen langen Bart, ein strenges Gesicht – und an seinem Kopf zwei Hörner! Sie sind wahrscheinlich auf einen Übersetzungsfehler zurückzuführen. Im Alten Testament steht im hebräischen Original, dass „Lichtstrahlen“ von Moses Kopf kommen, und das wurde wohl mit „Hörner“ übersetzt.

Suche: VATIKAN

ONLINE

Wenn du immer auf dem Laufenden sein willst, was im Vatikan los ist, kannst du dir online die Aufnahmen der Live-Webcams anschauen oder dem Papst auf Twitter folgen. Seine Tweets werden in neun Sprachen übersetzt.

VOGELWELT

Im Vatikan leben ein paar wilde Mönchssittiche. Auch Wanderfalken nisten hier. Es wurde schon beobachtet, wie sie sich auf dem Petersplatz auf Tauben gestürzt haben.

DIE HL. AGNES

SANT'AGNESE IN AGONE

Die Kirche an der Piazza Navona steht an der Stelle, an der die hl. Agnes ein Wunder vollbracht haben soll. Sie lebte im antiken Rom und wurde dafür bestraft, dass sie Christin war. Als öffentliche Demütigung musste sie sich hier entblößen. Der Legende nach wuchsen ihre Haare urplötzlich so schnell, dass sie ihren ganzen Körper bedeckten. Auch erschien ein Engel, der sie beschützte. Die in der Kirche ausgestellte Reliquie soll ihr Schädel sein.

BASILICA DI SANTA MARIA IN TRASTEVERE

SANT'AGNESE IN AGONE

WUNDER UND MÄRTYRER

BASILICA DI SANTA MARIA IN TRASTEVERE

Nach der Legende steht diese Kirche an der Stelle, an der am Tag der Geburt Jesu plötzlich reines Öl aus dem Boden sprudelte. Eine Säule neben dem Altar markiert exakt die Stelle, an der das Wunder geschah. Ein weiterer Schatz dieser Kirche ist der Kopf der hl. Apollonia, einer christlichen Märtyrerin, die im antiken Rom ihr Leben verlor. Da die Feinde ihr alle Zähne gezogen hatten, wurde sie später die Schutzheilige der Zahnärzte.

DER KLEINSTE STAAT DER WELT

DER VATIKAN

Der kleinste Staat der Welt liegt mitten in Rom und ist nur 0,44 km² groß. Das Staatsoberhaupt ist der Papst, die Amtssprache ist Latein, seine Armee nennt sich „Schweizergarde“. Der Staat hat auch eigene Münzen und Briefmarken, sogar seinen eigenen Radiosender mit Fernsehstudio. Von den ca. 800 Bewohnern haben etwa 450 die Staatsangehörigkeit des Vatikans und päpstliche Reisepässe. Nur von der katholischen Kirche ernannte Personen können Staatsangehörige des Vatikans werden.

✝ **Die Autos vom Vatikan tragen Nummernschilder mit den Buchstaben SVC oder CV.**

✝ **Staatsangehörige des Vatikans zahlen keine Steuern. Der Staat lebt von den Eintrittsgeldern der Museen und dem Verkauf von Briefmarken und Souvenirs, Zahlungsmittel ist der Euro.**

✝ **Die Flagge des Vatikans ist gelb-weiß. Auf ihr sind die Schlüssel zum Himmel und der Kopfschmuck des Papstes abgebildet. Der goldene Schlüssel symbolisiert die himmlische Macht, der silberne die Macht auf Erden. Die beiden Schlüssel sind mit einer roten Kordel zusammengebunden.**

DER PETERSPLATZ

Der Petersplatz befindet sich vor dem Petersdom, der Kirche des Papstes. In dem Moment, in dem du den Platz betrittst, verlässt du Italien und bist im Staat Vatikanstadt. Aber keine Sorge, Passkontrollen gibt’s hier nicht. Wenn der Papst von seinem Balkon aus spricht, versammeln sich hier viele Menschen. Die Säulen rund um den Platz symbolisieren die Arme, die die Besucher der Kirche willkommen heißen sollen. In der Mitte steht ein Obelisk aus dem alten Ägypten, der als gigantische Sonnenuhr dient.

DER PETERSPLATZ

320 M x 240 M = DAS IST GROB DIE GRÖSSE VON 7 FUSSBALLPLÄTZEN x7

284 SÄULEN

140 HEILIGENSTATUEN STEHEN ÜBER DEN SÄULEN

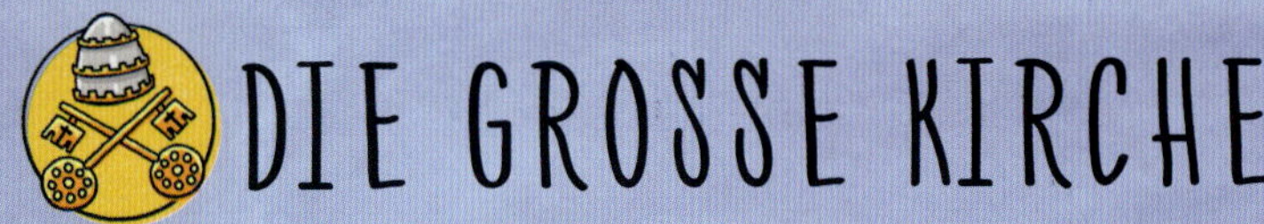

DIE GROSSE KIRCHE

DER PETERSDOM

Der Petersdom ist eine der größten Kirchen der Welt und wird von Millionen von Menschen besucht, genau wie die Paläste des Vatikans, in denen viele vatikanische Museen liegen. Der Dom wurde ursprünglich im 4. Jahrhundert an der Stelle errichtet, an der der Apostel Petrus begraben sein soll.

6,4 KM LANG SIND DIE GALERIEN UND GÄRTEN

6 MIO. BESUCHER JÄHRLICH

70000 KUNSTWERKE UND EXPONATE SIND HIER ZU SEHEN

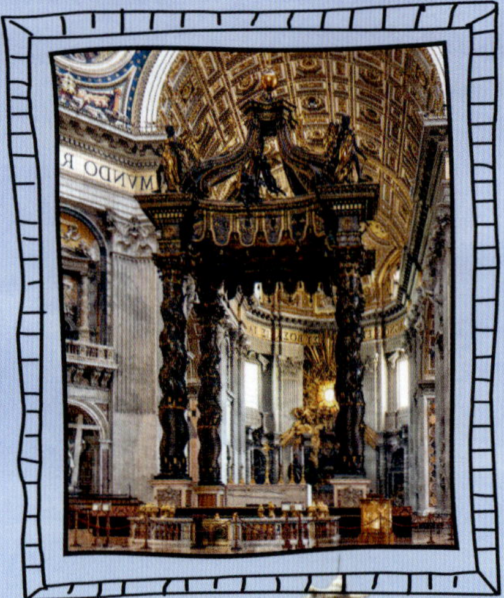

DER PLATZ DES PAPSTES

Es heißt, dass der Altar im Petersdom auf dem Grab von Petrus steht. Nur der Papst darf die Messe (die Hauptzeremonie der katholischen Kirche) von diesem Altar mit seinem 29 m hohen Baldachin halten.

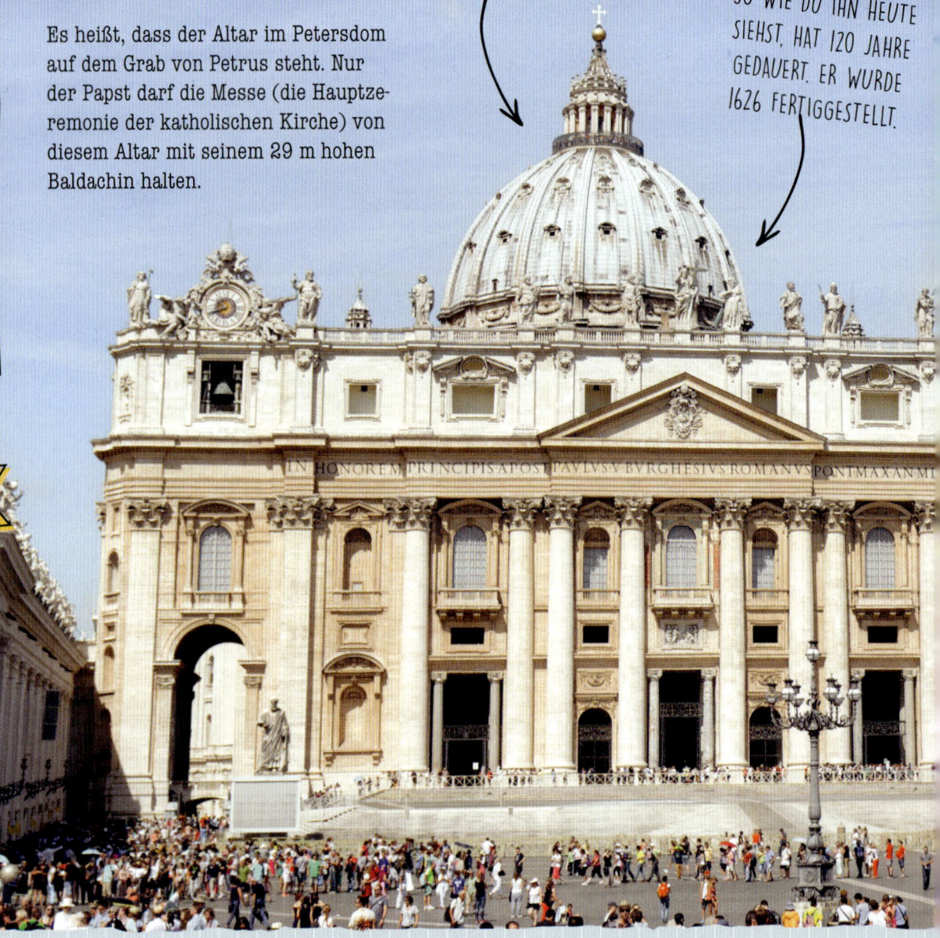

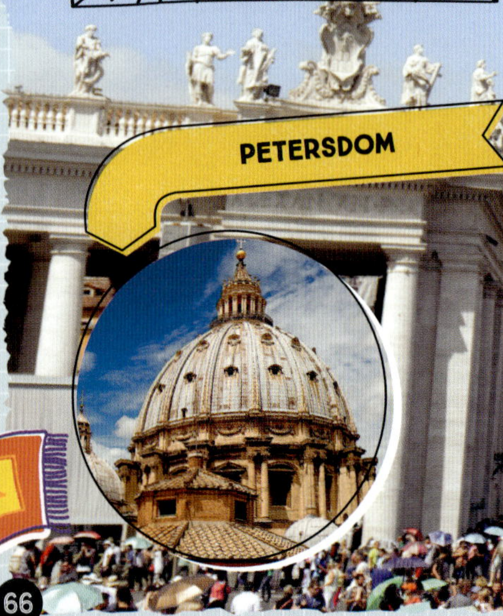

PETERSDOM

DER BAU DES DOMS, SO WIE DU IHN HEUTE SIEHST, HAT 120 JAHRE GEDAUERT. ER WURDE 1626 FERTIGGESTELLT.

PETERSDOM

GROSSE SCHLIESSEREI

Jeden Morgen um 5.45 Uhr beginnen fünf Bedienstete damit, die 300 Räume in den Vatikanischen Museen aufzuschließen. Insgesamt gibt es 2797 vatikanische Schlüssel, alle Türen sind nummeriert. Fünf weitere Bedienstete schließen die Räume dann abends wieder ab. Der Schlüssel der Sixtinischen Kapelle wird jeden Abend in einen versiegelten Umschlag gelegt.

HEILIGE STATUEN

Im Dom steht die berühmte Marmorstatue *Pietà* von Michelangelo. Sie stellt die Jungfrau Maria mit dem Leichnam Jesu auf dem Arm dar. Es ist das einzige Werk, das Michelangelo je signierte, er hat seinen Namen auf Marias Schärpe eingeritzt. Die Pietà steht jetzt hinter Panzerglas, denn sie wurde in den 1970er-Jahren mit einem Hammer attackiert.

MICHELANGELOS SIGNATUR

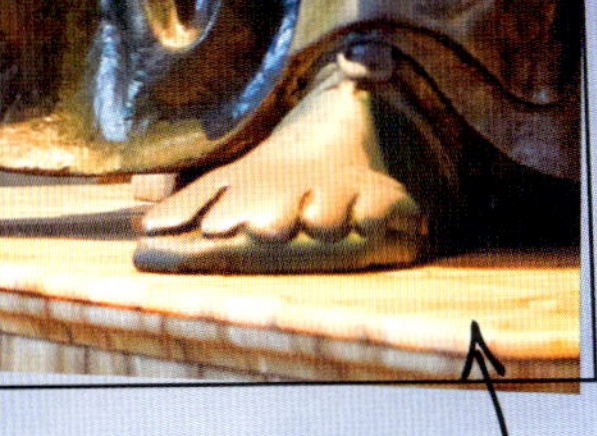

PLATTFÜSSE!

Die Füsse der berühmten Statue des hl. Petrus aus dem 13. Jahrhundert sind schon ganz platt, weil unzählige Pilger sie über die Jahrhunderte geküsst und berührt haben.

SIXTINISCHE KAPELLE

ÄGYPTISCHER OBELISK

LOYALE SÖLDNER

DIE SCHWEIZERGARDE IST FÜR DIE SICHERHEIT DES PAPSTES VERANTWORTLICH. AUF SEITE 70 ERFÄHRST DU MEHR ÜBER IHRE UNIFORMEN. BEI IHRER GRÜNDUNG 1506 GLAUBTE MAN, DASS SCHWEIZER SOLDATEN DIE BESTEN UND LOYALSTEN SÖLDNER (BEZAHLTE AUSLÄNDISCHE TRUPPEN) DER WELT SEIEN. NOCH HEUTE BESTEHT DIE GARDE ZU 100 PROZENT AUS SCHWEIZERN. DIESE HERVORRAGEND AUSGEBILDETEN SCHARFSCHÜTZEN VERSTEHEN ES AUCH, MIT SCHWERTERN UND HELLEBARDEN (SIEHE BILD) RICHTIG UMZUGEHEN.

ROMS MODE

La Bella Figura ist für Italiener wirklich wichtig. Es bedeutet, dass man zu jeder Zeit so gut wie möglich aussehen sollte. Genau deshalb sind die Italiener immer so schick gekleidet. *La Bella Figura* zeigt sich in ganz Rom, von Modeboutiquen bis hin zu feschen Uniformen. Also mach dich auf die Socken und finde heraus, wer was trägt.

START

INNENSTADT

DESIGNER-UNIFORMEN

PARADE ZU EHREN DER REPUBLIK

Am 2. Juni, dem Nationalfeiertag Italiens, findet in Rom eine große Parade statt. Dann kannst du viele verschiedene italienische Militäruniformen sehen, auch die der italienischen Militärpolizei, der *carabinieri*. Ihre modernen schwarz-blauen Uniformen mit roten Streifen an den Hosen wurden von dem italienischen Designer Valentino entworfen. Bei besonderen Anlässen tragen sie einen Zweispitz mit großem Federschmuck auf dem Kopf.

ELEGANZ SO WEIT DAS AUGE REICHT

MUSEO PER LE ARTI DECORATIVE

Angehende Modefreaks werden entzückt sein von dieser Sammlung eleganter Kleidungsstücke aus den 1900er-Jahren, die alle von italienischen Top-Designern entworfen wurden. Hier kannst du um die 800 Kleider und Accessoires bewundern, von denen viele aus dem frühen 20. Jahrhundert stammen.

MUSEO PER LE ARTI DECORATIVE

MODEZENTRUM

VIA DEI CONDOTTI

In dieser Straße befinden sich die Boutiquen der berühmtesten Modehäuser der Welt. Hier decken sich Promis mit Kleidung, Brillanten und Taschen ein. Schauspieler wie Pierce Brosnan und Daniel Craig ließen sich bei Brioni ihre Anzüge für die James-Bond-Filme schneidern – Brioni soll einer der besten Schneider der Welt sein.

VIA DEI CONDOTTI

VIA DEI CESTARI

STRASSEN DER ROBEN

VIA DEI CESTARI, VIA DI SANTA CHIARA

Die Läden in diesen beiden Straßen verkaufen alles, was ein katholischer Priester so braucht: Gewänder, Schuhe, Hüte und religiöse Accessoires. Hier befindet sich auch das Geschäft Gammarelli, der offizielle Schneider des Papstes. Bevor ein neuer Papst gewählt wird, werden drei Gewänder in drei verschiedenen Größen geschneidert. So ist eines schon in dem Moment fertig, in dem er den Job bekommt – egal welche Größe benötigt wird.

So kleidet man sich im Vatikan

Der Papst trägt eine weiße Soutane (Gewand), eine kurzes weißes Cape (*mozzetta*) und ein weißes Scheitelkäppchen (*zucchetto*).

Kardinäle tragen rote Soutanen, *mozzettas*, und rote *birettas* (vierkantige Kappe mit drei bogenförmigen Aufsätzen).

GESICHTER IM FEBRUAR

KARNEVAL, PIAZZA NAVONA

Zur Karnevalszeit (s. Seite 44) im Februar sind alle bunt verkleidet, sowohl die Teilnehmer am Karnevalsumzug als auch die Zuschauer. In dieser Zeit tragen die Italiener oft Masken. Sie wurden vor Jahrhunderten als Verkleidung erfunden, damit alle – egal wer – zusammen feiern konnten.

Traditionelle italienische Masken

Colombina
Diese elegante Maske bedeckt das halbe Gesicht.

Volto
Diese Maske bedeckt das ganze Gesicht und ist eine tolle Tarnung.

Medico della Peste
Diese Maske wurde einst von Pestärzten benutzt. Sie steckten Kräuter in den langen Schnabel, um den Geruch der Kranken nicht ertragen zu müssen.

SPEZIALEINHEIT

SCHWEIZERGARDE

Die Schweizergarde wurde vor über 500 Jahren gegründet (mehr darüber auf Seite 67). Aus dieser Zeit stammt auch ihre blau-rot-gelbe Montur, die Galauniform.

Für den Alltag haben die Bodyguards des Papstes aber auch blaue Uniformen und normale Business-Anzüge. Die werden getragen, wenn sie sich auf Reisen zum Schutz des Papstes unauffällig unter das Publikum mischen müssen.

DIE KLEIDUNG DER SCHWEIZERGARDE VERMITTELT DIR EIN GUTES BILD DER VERGANGENHEIT! IN EINEM BERICHT ÜBER IHRE GLÄNZENDE ANKUNFT IN ROM HEISST ES, DASS SIE NICHT ANDERS GEKLEIDET SEIEN ALS ANDERE SOLDATEN – DA SIE ABER VOM PAPST BEZAHLT WÜRDEN, SEIEN SIE WAHRSCHEINLICH DIE BESTEN.

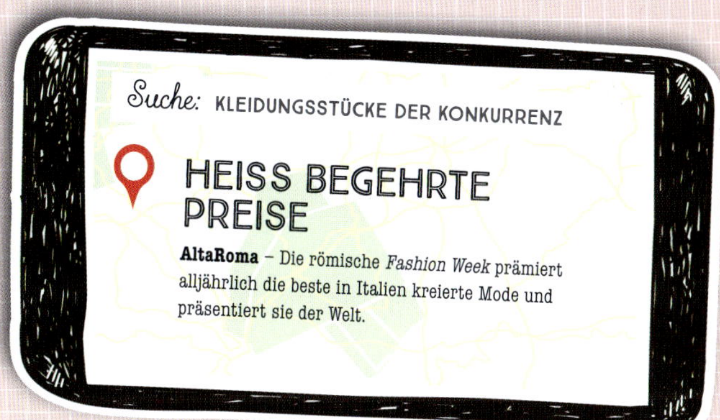

ROT-GELBER STOLZ

DIE FARBEN ROMS

Die offiziellen Farben Roms sind gold/gelb und dunkelrot – diese Farben hat auch die Flagge der Stadt. Und natürlich sind das auch die Farben der lokalen Fußballmannschaft A.S. Roma.

STADIO OLIMPICO

STADTWEITER STIL

ALTAROMA

In jedem Jahr findet in Rom die *AltaRoma* statt, ein einwöchiges Mode-Event mit Modenschauen in der ganzen Stadt. Italien hat viele der weltbesten Mode-Designer hervorgebracht, und die *AltaRoma* ist eine Chance für junge Designer, in dem prestigeträchtigen Talentwettbewerb eine Auszeichnung einzuheimsen.

ÜBERALL IN DER STADT

ANDIAMO!

Wie würdest du am liebsten Rom erkunden? In einem schnellen Auto, einer Kutsche oder in einer seltsamen Flugmaschine? Etwas Geduld musst du mitbringen – Roms Verkehrsstaus sind berüchtigt. Vielleicht hast du ja Glück und kannst mit der Hilfe eines Heiligen durch die Gegend düsen. Andiamo! (Los geht's!).

POLIZEIFAHRZEUGE

POLIZEIAUTOMUSEUM

Hier kannst du italienische Polizeiautos und -motorräder aus der Zeit seit den 1930er-Jahren bewundern, angefangen bei kleinen niedlichen Fiats bis hin zu großen stattlichen Alfa Romeos. Ein paar glückliche römische Polizisten fahren heutzutage sogar einen Lamborghini Huracán, so einen wie er oben auf dem Bild zu sehen ist.

Spitznamen der Autos:

PANTERA (Panther)
Ein Streifenwagen der staatlichen Polizei (*polizia*).

GAZELLA (Gazelle)
Ein Auto der Militärpolizei (*carabinieri*).

CIVETTA (Eule)
Ein Zivilfahrzeug der Polizei.

START

POLIZEIAUTO-MUSEUM

VIA APPIA

RÖMISCHE STRASSE

VIA APPIA

Die Via Appia ist die berühmte Straße der alten Römer, die von Rom bis nach Brindisi an der Südostküste Italiens verlief. Wenn du Lust hast, kannst du über die Originalpflastersteine vorbei an den Überresten der Gräber von Berühmtheiten aus dem alten Rom spazieren. (Damals durfte niemand innerhalb der Stadtmauern beerdigt werden). Die Kutschfahrt über die Via Appia konnte auch früher schon recht gefährlich werden, denn an einigen Straßenabschnitten lauerten Banditenbanden.

AUF ZWEI RÄDERN IN ROM UNTERWEGS

ÜBERALL IN DER STADT

Motorroller knattern durch ganz Rom. Am beliebtesten sind die Vespas mit ihren leuchtenden Farben und dem coolen Aussehen. Der Name *vespa* wurde ausgewählt, weil das Brummen der Vehikel an das Geräusch von Wespen erinnern. *Vespa* ist das italienische Wort für „Wespe".

IN KEINER STADT EUROPAS GIBT ES MEHR MOTORRÄDER UND MOTORROLLER.

SIE MACHEN 20–30% DES VERKEHRS IN ROM AUS.

ÜBERALL IN DER STADT

BASILICA SANTA FRANCESCA ROMANA

GESEGNETE RÄDER

BASILICA SANTA FRANCESCA ROMANA

In dieser Kirche befinden sich die sterblichen Überreste der hl. Francesca Romana. Hier kannst du dir ihr in eine Robe gehülltes Skelett mit einem Gebetbuch in der Hand anschauen. Zu Lebzeiten soll ihr Weg immer von einem Engel beleuchtet worden sein, weshalb sie zur Schutzpatronin der Autofahrer wurde. An ihrem Gedenktag, dem 9. März, kommen Autofahrer mit ihren Autos hierher, um sie segnen zu lassen.

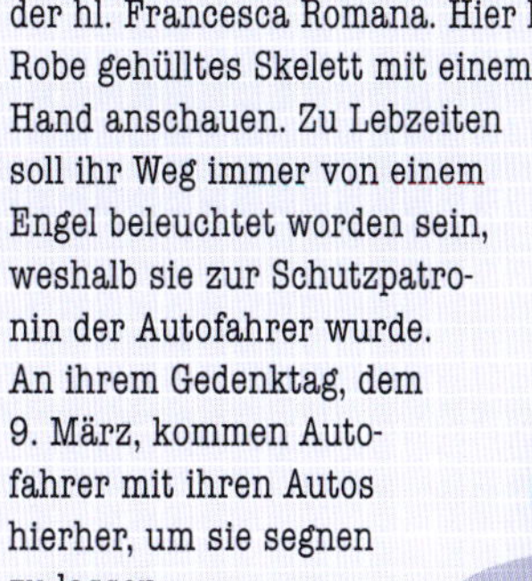

NÄCHSTER HALT – ANTIKES ROM

METRO-LINIE C

Die Arbeiten an Roms neuer Metro-Linie müssen immer dann unterbrochen werden, wenn die Bauarbeiter auf antike Ruinen stoßen. Das stellt die Bauherren vor Probleme, denn Rom ist voll davon. 2016 buddelten die Arbeiter die Baracken der Leibwächter von Kaiser Hadrian und 13 Skelette aus. Die Schlafquartiere, Waffenräume, Küchen und Ställe der Leibwächter werden jetzt in den Bahnhof integriert und können dann jederzeit bestaunt werden. Im Jahr 2024 soll die Linie vielleicht fertig sein.

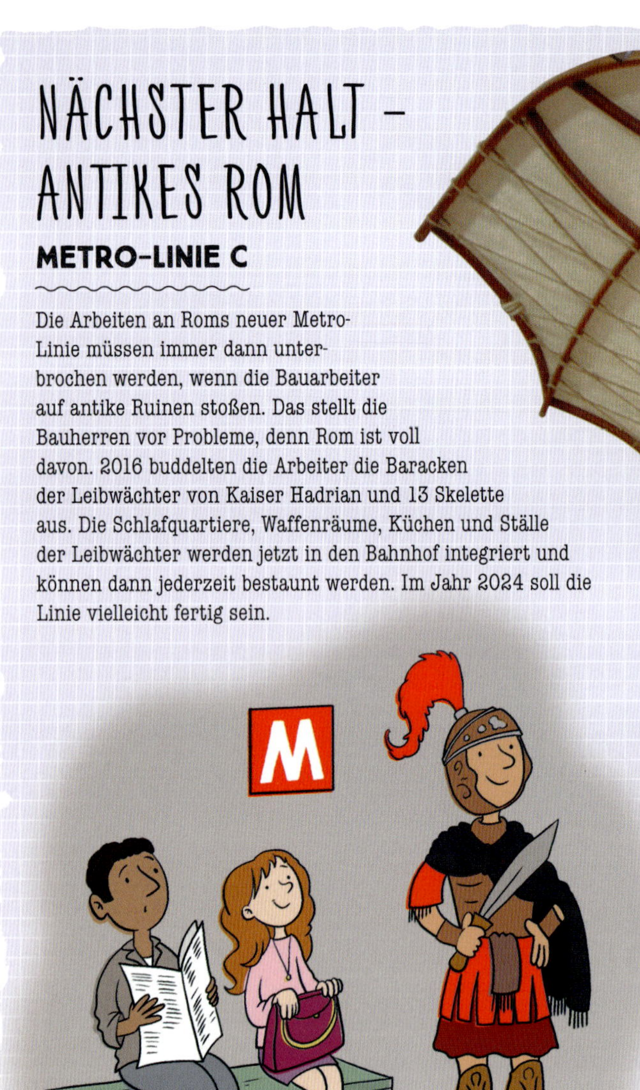

AUF LEONARDOS ZEICHNUNG EINER FLUGMASCHINE SIND ZWEI RIESENFLÜGEL AUS EINEM HOLZGESTELL ZU SEHEN. GEFLOGEN WÄRE DAS GERÄT WOHL NICHT, AUCH WENN ES AN EINEN MODERNEN PARAGLIDER ERINNERT.

LEONARDO-AUSSTELLUNG

DIE ERSTE FLUGMASCHINE

LEONARDO-AUSSTELLUNG

Leonardo da Vinci wurde 1452 in der Toskana geboren und gehört zu den bedeutendsten Künstlern aller Zeiten. Er war auch ein Erfinder. In dieser Ausstellung werden über 200 seiner Entwürfe und Arbeitsmodelle sowie nach seinen Zeichnungen geschaffene Hologramme gezeigt. Er hatte die Idee einer Flugmaschine, eines Panzerfahrzeugs und eines Taucheranzugs. Und das alles 400 Jahre, bevor es diese Dinge dann tatsächlich gab.

Suche: ALTE GESETZE

DIE ERSTE STRASSENVERKEHRSORDNUNG

Etwa 45 v. Chr. verfügte Julius Caesar, dass tagsüber keine Fahrzeuge nach Rom reinfahren durften – außer Bauwagen, Mistkarren und religiösen Gefährten. Also rumpelten die meisten Fahrzeuge nachts über das Kopfsteinpflaster in die Stadt und störten die alten Römer im Schlaf.

DAS AUTO DER NUMMER 1

PAPAMOBILI, VATIKAN

Der Papst hat seine eigenen Autos, *papamobili* genannt. Auf den Nummernschildern stehen die Buchstaben SCV und dahinter eine Ziffer. SCV ist die Abkürzung für *Status Civitatis Vaticanae* (Staat der Vatikanstadt). Wenn der Papst durch eine Menschenmenge fährt, steht er meist in einem speziell für ihn konstruierten Papamobil mit kugelsicherem Glaskasten.

VATIKAN

MILLE MIGLIA

ROM LIEBT AUTORENNEN

MILLE MIGLIA

Schon die alten Römer waren verrückt nach Wagenrennen und unterstützten die vier Rennteams der Stadt – die Roten, die Weißen, die Blauen und die Grünen. Auch heute noch lieben Römer Autorennen. Die Stadt ist alljährlich Gastgeberin des Oldtimerrennens Mille Miglia von Rom nach Brescia und zurück. Dann stehen die Menschenmassen am Straßenrand und jubeln den Fahrern in den Autos aus den Jahren 1927 bis 1957 zu.

SPORT-EVENTS

Zieh dir deine Turnschuhe an und freue dich auf ein paar der besten Sport-Events, die Rom zu bieten hat. Es gibt viele Weltklassesportler in der Stadt, die von ihren Fans wahrhaft verehrt werden. Schon seit Tausenden von Jahren jubeln die Römer ihren Sportlern zu.

FRANCESCO TOTTI IST ROMS BESTER FUSSBALLSPIELER ALLER ZEITEN. DER GOLDENE JUNGE DES 21. JAHRHUNDERTS TRÄGT DEN SPITZNAMEN *IL RE DI ROMA* (DER KÖNIG ROMS).

FUSSBALL-TEMPEL

STADIO OLIMPICO

In diesem Fußballstadion mit 72 700 Sitzplätzen sind die beiden römischen Fußballteams A.S. Roma und S.S. Lazio zu Hause. Aufgrund der Farben der Clubs hat Roma den Spitznamen *giallorossi* (die Gelb-Roten) und Lazio *biancazzuri* (die Weiß-Blauen). Auf den Tribünen kann es recht rauchig und laut zugehen, denn die Fans beider Mannschaften schmuggeln gern Rauchbomben und Feuerwerkskörper ins Stadion.

AUFSCHLAG

FORO ITALICO

In jedem Jahr treten die besten Tennisspieler der Welt in diesem großen Sportkomplex gegeneinander an, um Millionen an Preisgeldern zu gewinnen. Eins der bedeutendsten Tennisturniere der Welt, die *Italian Open*, wird hier auf Sandplätzen ausgetragen. Der König der *Italian Open* ist der spanische Star Rafael Nadal, der zehn Mal gewonnen hat.

DIE ABZEICHEN AUF DEN TRIKOTS VON AS ROM ZEIGEN DIE BERÜHMTE WÖLFIN MIT DEN BEGRÜNDERN ROMS, DEN BABYS ROMULUS UND REMUS (S. SEITE 58).

DIE TRIKOTS DER LAZIO-SPIELER ZIERT EIN GOLDENER ADLER, EIN SYMBOL DES ANTIKEN ROM.

1
2
3

FORO ITALICO

STADIO OLIMPICO

AUDITORIUM PARCO DELLA MUSICA

MUSEO NAZIONALE ROMANO

ANTIKE HELDEN

SPORTLERSTATUEN, MUSEO NAZIONALE ROMANO

In diesem Museum kannst du zwei sehr berühmte Statuen von Sportlern bewundern. Sie wurden beide im 19. Jahrhundert in Rom ausgegraben. Der Diskuswerfer aus Marmor, der auch als *Lancellotti Discobolus* bekannt ist, gilt als die beste Statue eines Athleten aller Zeiten. Der Faustkämpfer aus Bronze (auch *Boxer vom Quirinal* genannt) ist sehr realistisch dargestellt. Er sieht nach einem Kampf erschöpft aus, aus seinen Wunden läuft Blut an seinem Körper runter!

RAUF AUFS EIS

SCHLITTSCHUHLAUFEN

In Rom sind die Temperaturen selten eisig, selbst im Winter nicht. Aber trotzdem können die Römer Schlittschuhlaufen, denn zur Weihnachtszeit gibt es überall in der Stadt Eisbahnen. Eine besonders große ist beim Auditorium Parco della Musica (s. Seite 48). Gelegentlich schneit es in Rom auch, das kommt aber wirklich nur alle paar Jahre mal vor. Und wenn es passiert, sind alle aus dem Häuschen!

ÜBERALL IN DER STADT

ROMS GROSSER LAUF

ROM-MARATHON

Im Frühjahr findet der Rom-Marathon statt. Die Strecke verläuft mitten durch die Stadt. Etwa 14 000 Läufer starten am Kolosseum und rennen an den jubelnden Zuschauermassen vorbei. Da es sich mit Musik leichter läuft, werden die Teilnehmer an einigen Orten an der Strecke von Musikern und DJs angefeuert.

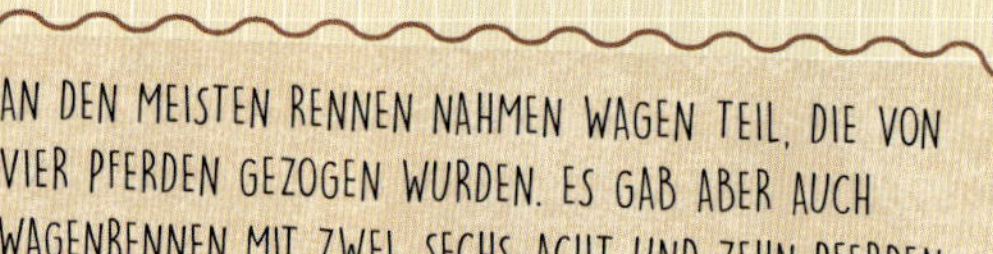

CIRCUS MAXIMUS

BERÜHMTE WAGENLENKER

CIRCUS MAXIMUS

Im Circus Maximus, der früheren römischen Rennstrecke, finden heute große Konzerte und Veranstaltungen statt. Im antiken Rom jubelten 25 000 Menschen den Wagenlenkern zu. Es waren Sklaven, von denen viele bei Unfällen ums Leben kamen. Einer der bekanntesten Lenker, Scorpus, gewann über 2000 Rennen, starb dann aber im Jahr 95. Lenker konnten wirklich viel Geld verdienen. Der berühmte Wagenlenker Diocles soll den Gegenwert mehrerer Milliarden Euro verdient haben, bevor er sich 146 aufs Altenteil zurückzog. Damit ist er der bestbezahlte Sportler aller Zeiten!

- AN DEN MEISTEN RENNEN NAHMEN WAGEN TEIL, DIE VON VIER PFERDEN GEZOGEN WURDEN. ES GAB ABER AUCH WAGENRENNEN MIT ZWEI, SECHS, ACHT UND ZEHN PFERDEN.
- UNFÄLLE WURDEN *NAUFRAGIA* (SCHIFFBRUCH) GENANNT.
- DIE LENKER TRUGEN KURZE TUNIKEN UND KÖRPERPOLSTER UND BANDEN SICH DIE PFERDEZÜGEL UM DIE TAILLE. SIE HATTEN EIN GEKRÜMMTES MESSER BEI SICH, MIT DEM SIE SICH BEI EINEM UNFALL SCHNELL LOSSCHNEIDEN KONNTEN.
- SIEGER WAR, WER ALS ERSTER DIE SIEBEN RUNDEN GESCHAFFT HATTE.

Suche: SPORT DER ALTEN RÖMER

BELIEBTER ZEITVERTREIB

- **Brettspiele**
- **Jagd**
- **Gladiatorenkämpfe anschauen** (sehr beliebt)
- **Kostenlose Gladiatorenkämpfe für jedermann finanzieren** (nur Kaiser!)

RÖMISCHES RUGBY

ÜBERALL IN DER STADT

Ballspiele sind und waren beliebt in Rom. Rugby zählt auch dazu, die Mannschaft Italiens gehört zu den besten der Welt. Man hat herausgefunden, dass es bei den alten Römern ein sehr ähnliches Spiel namens *harpastum* gab. Zwei Mannschaften kämpften um einen Lederball, den sie über eine Linie bringen mussten, den Gegner musste man daran hindern.

IN DER GANZEN STADT

STADION COLUMBUS PIUS XI

KLERUS-POKAL

STADION CAMPO PIO XI

Der Vatikan hat seine eigene Fußballweltmeisterschaft, den Clericus Cup. Er wird zwischen aus Priestern und Priesterschülern bestehenden Mannschaften verschiedener Länder ausgetragen. Eine Verwarnung oder ein Platzverweis ist eine „Sünde", die den Spielern vergeben wird. Wer eine blaue Karte für unsportliches Verhalten bekommt, muss fünf Minuten aussetzen.

GRÜNES ROM

Neben all den schönen historischen Marmorgebäuden und -statuen hat Rom auch noch viele tolle Parks – sogenannte „grüne Lungen". Die Römer lieben es, am Wochenende oder in der Ferienzeit in diesen Parks zu picknicken. Wenn du den Grund dafür erfahren willst, machst du am besten einen Bummel durch die Grünanlagen.

250 VERSCHIEDENE PFLANZENARTEN GEDEIHEN HIER

35 SPRINGBRUNNEN GIBT ES IM PARK

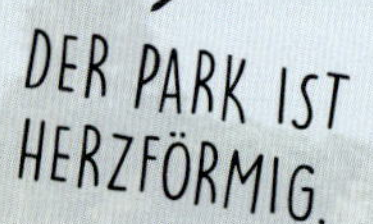

DER PARK IST HERZFÖRMIG.

PARKLEBEN

VILLA BORGHESE

Roms beliebtester Park bietet eine grandiose Aussicht, Museen, einen Zoo, ein Puppentheater (s. Seite 49), ein winziges Kino, einen See, auf dem man Boot fahren kann, einen Zug … und das ist nur Anfang. Uff! Wenn du dir hier alles anschauen willst, wirst du zwischendurch unter einem der vielen Bäume eine Pause einlegen müssen.

BELLA FIGURA IM BIOPARCO

Im Bioparco-Zoo leben über 1300 Tiere aus der ganzen Welt (was für kühle Leckereien sie bekommen, erfährst du auf Seite 61). Sie sind nicht alle eingesperrt. Die frei herumlaufenden Pfauen protzen mit ihren wunderschönen Federkronen und posen gern für ein Foto. Bezüglich ihres Imagebewusstseins stehen sie den menschlichen Bewohnern Roms also in nichts nach!

VILLA BORGHESE

WOHER KOMMT DIESER NAME?

Vor etwa 500 Jahren ließ ein Kardinal namens Scipione Borghese diesen Park anlegen. Er trank gerne Wein und brauchte deshalb viel Platz für seine Weinberge. Seine Nachkommen fügten noch ein paar Extras wie einen See und ein paar Baumgruppen hinzu. Schließlich wurde daraus eine öffentliche Grünanlage.

ÄLTER ALS DIE ALTEN RÖMER

DAS MUSEUM VILLA GIULIA (EINS DER VIELEN MUSEEN IN DER VILLA BORGHESE) BEHERBERGT ETRUSKISCHE SCHÄTZE. DIE ETRUSKER LEBTEN VOR DEN RÖMERN IN ITALIEN. UND AUCH WENN SICH VIELE GEHEIMNISSE UM SIE RANKEN, WISSEN WIR DOCH, DASS SIE KLAPPERNDE SCHUHE TRUGEN – IM MUSEUM KANNST DU DIR IHRE HOLZ- UND METALLSANDALEN ANSEHEN.

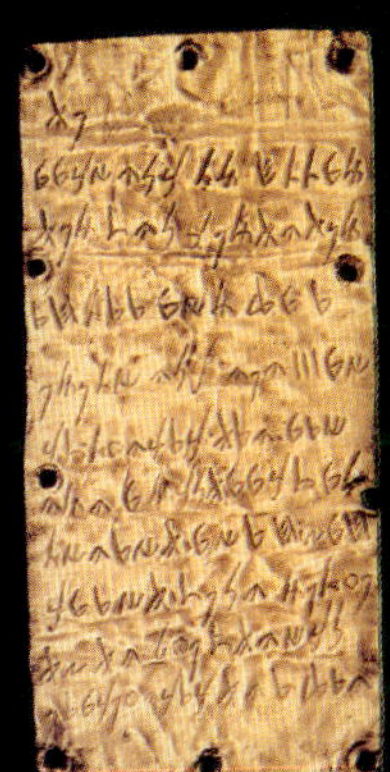

ZU DEN AUSGESTELLTEN SCHÄTZEN DER ETRUSKER GEHÖREN AUCH DREI HAUCHDÜNNE GOLDBLÄTTER, DIE IN EINEM TEMPEL AUS DER ZEIT UM 2500 V. CHR. GEFUNDEN WURDEN. DIESE „GOLDBLECHE VON PYRGI" TRAGEN DIE ÄLTESTEN BEKANNTEN SCHRIFTEN ITALIENS – EINE WIDMUNG AN EINE GÖTTIN NAMENS ASTARTE.

IN EINEM WEITEREN MUSEUM DES PARKS (DEM BORGHESE MUSEUM) STEHT EIN BAUM DER BESONDEREN ART. DIE BERÜHMTE MARMORSTATUE VON BERNINI ZEIGT EINE MYTHISCHE DAME NAMENS DAPHNE, DIE SICH IN EINEN BAUM VERWANDELT. DU KANNST SEHEN, DASS AUS IHREN FINGERN SCHON ZWEIGE UND BLÄTTER GEWORDEN SIND.

FAST NUR FÜR VIPS

GÄRTEN DES QUIRINALSPALASTS

Die Öffentlichkeit darf die Gärten des Quirinalspalasts (Dienstsitz des Präsidenten) nur im Rahmen von Führungen besichtigen. Aber am 2. Juni, dem Nationalfeiertag, ist Tag der offenen Tür. Dann kann jeder die wunderschönen Blumenbeete, Bäume, Hecken und Statuen bewundern, die sich in dieser römischen VIP-Ecke verstecken.

GÄRTEN DES QUIRINALSPALASTS

EULEN WOHIN MAN SCHAUT!

EULENHAUS

Die Villa Torlonia ist ein ungewöhnlich aussehendes Haus mit Park drumherum. Es wurde im 19. Jahrhundert für Prinz Giovanni Torlonia, einen wohlhabenden Banker, errichtet. Er wünschte sich ein märchenhaftes Haus im Zuckerbäckerstil, in dem er sich eine Auszeit nehmen konnte. Da er das Gebäude mit vielen Eulenbildern schmückte – warum, weiß keiner so genau – heißt es *Casina delle Civette* (Eulenhaus). Ein fedriges Geheimnis!

HIER GIBT'S GRATISSNACKS

VILLA DORIA PAMPHILI

Im größten Park Roms gibt es sanft geschwungene Hügel, Seen und viele wunderschöne Pinien. Die Pinie ist das Symbol der Stadt Rom, und die Römer essen die leckeren Kerne schon seit Jahrtausenden. Im alten Rom wurden sie von den Soldaten als Proviant mitgenommen, wenn sie die Stadt verließen. Am Ende des Sommers fallen die großen trockenen Zapfen runter, dann ist es an der Zeit, *pinoli romani* zu sammeln.

HÜGEL MIT SCHLACHTFELD

GIANICOLO-HÜGEL

Jeden Tag um 12 Uhr wird hier oben in luftiger Höhe eine Kanone abgefeuert. Zum ersten Mal geschah das 1847, als Papst Pius IX. wollte, dass alle Kirchen Roms gleichzeitig läuten, und dafür brauchte er ein Signal. Gianicolo war auch Schauplatz eines berühmten Kampfes im Einigungskrieg Italiens. 1849 kämpfte der italienische Held Giuseppe Garibaldi hier gegen die Franzosen. Es gibt auf dem Hügel eine Statue von ihm und seiner Frau Anita, die an seiner Seite kämpfte. Es heißt, dass er seinen Frühstückskaffee oben auf dem Hügel nahm, um einfallende Feinde rechtzeitig sehen zu können.

PROTESTANTISCHER FRIEDHOF

RUHET SANFT!

DER PROTESTANTISCHE FRIEDHOF

Dieser Friedhof für Nichtkatholiken ist alles andere als düster. Ganz im Gegenteil, mit seinen eleganten Grabsteinen, großen Zypressen und vielen hübschen Blumen ist er für seine Schönheit weltberühmt. Viele bekannte Personen wurden hier in den 300 Jahren seines Bestehens beigesetzt. Zu den berühmtesten gehören die englischen Romantikschriftsteller Keats und Shelley. Als Keats starb, schrieb Shelley die folgenden Worte über seine letzte Ruhestätte:

„Man könnte sich fast in den Tod verlieben, wenn man daran denkt, an einem so schönen Ort begraben zu sein."

ORANGEN-BURG

PARCO SAVELLO

Seinen Spitznamen *Giardino degli Aranci* (Orangengarten) verdankt der Park den hier wachsenden Bäumen. Der Legende nach pflanzte der hl. Dominikus vor 800 Jahren neben der Basilica di Santa Sabina Italiens ersten Apfelsinenbaum. Noch heute steht ein Ableger dieses Baums im Garten der Kirche. Der Park gehörte früher zu einer mittelalterlichen Burg und ist noch immer von dicken Steinmauern umgeben.

VERSCHENKE IN ITALIEN NIE EINEN STRAUSS MIT EINER GERADEN ANZAHL VON BLUMEN – DAS BRINGT UNGLÜCK! ELF SIND SUPER!

VILLA CELIMONTANA

ROSETO COMUNALE

WETTSTREIT DER BLÜTEN

ROSETO COMUNALE

In diesem Rosengarten gibt es über 1000 Rosenarten aus aller Welt. Er befindet sich auf dem Gelände eines uralten jüdischen Friedhofs, dessen Wege in Form einer jüdischen Menora (ein siebenarmiger Leuchter) angelegt sind. In jedem Frühjahr findet hier einer der weltweit bedeutendsten Rosenwettbewerbe, der *Premio Roma*, statt. Die Preisrichter wählen eine Rosenart als Siegerin, die dann in dem Garten angepflanzt wird.

VERSCHWUNDENE HAND

VILLA CELIMONTANA

In diesem hübschen Park soll sich unter dem ägyptischen Obelisken etwas Grausiges verbergen – der Arm eines Arbeiters. Er verlor ihn im Jahr 1820 bei der Aufstellung der Spitzsäule, als ein Seil riss und der Obelisk in die Tiefe knallte.

SHOPPINGTOUR

Shoppen kann ganz schön langweilig sein … In Rom ist das aber nicht der Fall – auch beim Einkaufen gibt es hier an jeder Ecke etwas Interessantes zu entdecken. Folge dieser Tour und erlebe einen absolut spannenden Bummel zu originellen Shopping-Adressen!

LOS GEHT'S MIT KUNST

PIAZZA DEL POPOLO

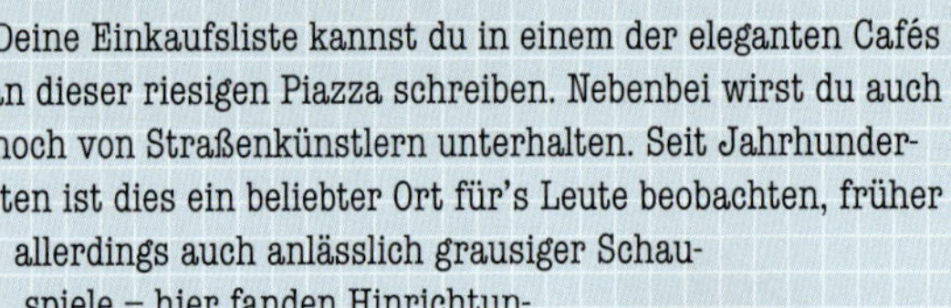

Deine Einkaufsliste kannst du in einem der eleganten Cafés an dieser riesigen Piazza schreiben. Nebenbei wirst du auch noch von Straßenkünstlern unterhalten. Seit Jahrhunderten ist dies ein beliebter Ort für's Leute beobachten, früher allerdings auch anlässlich grausiger Schauspiele – hier fanden Hinrichtungen statt. 2013 war die Piazza teils mit einer gigantischen Bodenplane bedeckt und jeder eilte herbei, um ein tolles Piazza-Bild zu schießen. Die Zeiten haben sich also geändert – Gott sei Dank!

STEINSTRASSE

VIA MARGUTTA

Diese kurze Straße, Heimat trendiger Galerien und Kunststudios, ist jetzt definitiv viel netter als im antiken Rom und ganz ohne offene stinkende Kanalisation! In einem der kleinen Geschäfte mit dem Namen *Bottega del Marmoraro* (Geschäft des Marmormaurers) kannst du deinen Namen in ein Stück Marmor ritzen lassen. An den Wänden der Marmorgeschäfte hängen viele alte Werkzeuge von Steinmetzen.

VIA MARGUTTA

SETZ DICH AUF DIE STUFEN

SPANISCHE TREPPE

Roms berühmteste Treppe eignet sich perfekt für eine Pause. Oft sitzen Künstler oben auf der Treppe und porträtieren die Besucher. Im Frühjahr ist sie von Töpfen voller bunter Blumen gesäumt. Nicht so 2008. Da war sie von Hunderten von bunten Plastikbällen bedeckt – eine Kunstprovokation.

138 STUFEN HAT DIE TREPPE INSGESAMT

1,5 MIO. € KOSTETE 2016 DIE RENOVIERUNG DER TREPPE

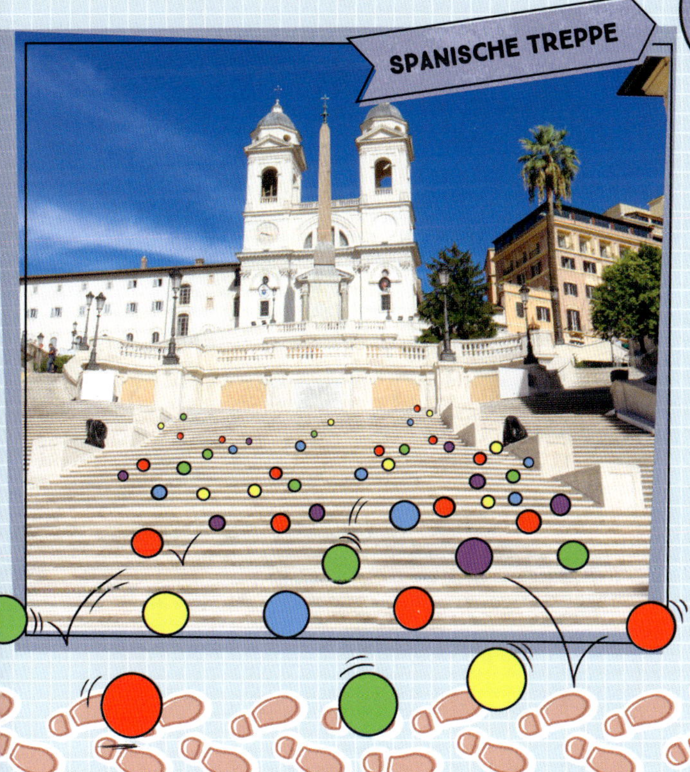

VIA DEL CORSO

BUMMELSTRASSE

VIA DEL CORSO

Diese lange, schnurgerade Einkaufsmeile ist ein beliebter Ort für eine *passeggiata*, den traditionellen Abendbummel. Die Bewohner Roms machen gern vor dem Abendessen zwischen 17 und 19 Uhr eine kurze *passeggiata* und zeigen ihr bestes Outfit. Besonders beliebt ist der Spaziergang am Wochenende, wenn Familien mit Freunden die Straße als Laufsteg benutzen.

EINEN PINOCCHIO, BITTE!

BARTOLUCCI, VIA DEI PASTINI

Dieses Geschäft ist vollgestopft mit Holzspielzeug, beispielsweise aus Holz geschnitzten Pinocchios, Kuckucksuhren, Schwertern und sogar einem Motorrad in Originalgröße.

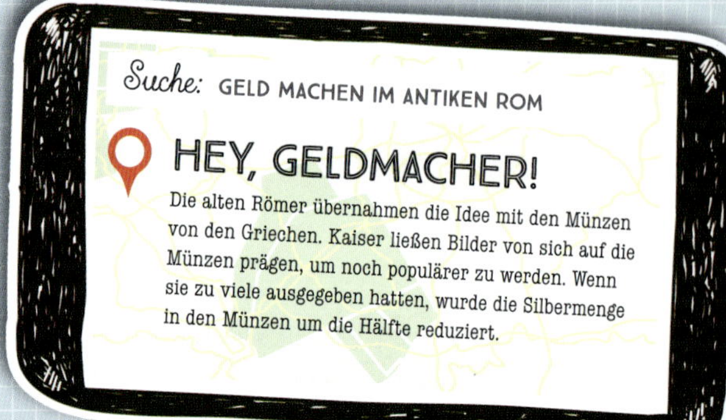

TOP-SPIELZEUGLADEN

AL SOGNO, PIAZZA NAVONA

Dieser historische Spielzeugladen ist ein wahres Wunderland mit Puppen, Marionetten, Feen, Trollen, Elfen, Puppenstuben und erstaunlichen Kuscheltieren. Hier kannst du dir einen Eisbären in Lebensgröße, einen Pandabären und sogar eine Giraffe kaufen, die so groß ist, dass ihr Kopf an die Decke in deinem Zimmer stößt. Der Name des Geschäfts lässt sich mit „wie im Traum" übersetzen.

PIAZZA NAVONA

~ * EINKAUFSLISTE * ~

VIELE RÖMISCHE MÄRKTE HABEN SICH AUF LECKERES AUS DER REGION WIE KÄSE, FLEISCH UND GEMÜSE SPEZIALISIERT. HIER EINE LISTE MIT ITALIENISCHEN SPEZIALITÄTEN, NACH DENEN DU AUSSCHAU HALTEN SOLLTEST.

MOZZARELLA
KÄSE AUS DER MILCH DES WASSERBÜFFELS

PROSCIUTTO
EIN SCHMACKHAFTER GEPÖKELTER (KONSERVIERTER) SCHINKEN

PARMIGIANO REGGIANO
WÜRZIGER HARTKÄSE, DER GERIEBEN PERFEKT ZU PASTA PASST

POMODORI
LECKERE, SUPERSCHMACKHAFTE TOMATEN AUS DER REGION

HAUPTMARKT

PORTA-PORTESE-MARKT

In Rom gibt es viele Straßenmärkte, aber dieser riesige, sonntags stattfindende Flohmarkt ist der größte, wuseligste und lauteste. An Tausenden von Ständen wird so ziemlich alles verkauft, von internationalen Designerklamotten bis hin zu Elektrogeräten. Die Verkäufer feilschen gern lautstark mit ihren Kunden.

PORTA-PORTESE-MARKT

TESTACCIO

TOLLE WANDGEMÄLDE

SPRINGENDER WOLF IN TESTACCIO

Wenn du mit deiner Tasche voller Tomaten, einem lebensgroßen Plüschtier, einem Stück Marmor, einem Pinocchio und deinem Porträt unterm Arm auf dem Heimweg bist, kannst du vielleicht auch noch etwas Straßenkunst bewundern. Es gibt hier nämlich nicht nur antike Skulpturen und Springbrunnen, sondern auch viele moderne Wandgemälde, von denen einige ganze Häuserwände bedecken. Eins der umwerfendsten ist das eines Wolfs, der die ganze Seite eines Wohnhauses im Bezirk Testaccio einnimmt.

GENIALE GEBÄUDE

Für viele Häuser auf der ganzen Welt standen Roms antike Bauwerke Modell. Spiele Baudetektiv und finde die Geheimnisse der hiesigen Bauten heraus! Danach wird es dir leichtfallen, auch in anderen Städten, die du besuchen wirst, Ähnliches zu entdecken und das Erbe Roms zu erkennen.

SCHICKES HAUS

PALAZZO DELLA CIVILITA ITALIANA, EUR

Die alten Römer waren die ersten Bauherren der Welt, die ihre Gebäude mit überirdischen Bögen versahen. Architekten im 20. Jahrhundert kopierten sie und entwarfen in den 1930er-Jahren dieses stylische Haus. Es hat den Spitznamen Quadratisches Kolosseum. Sein eher langweiliger Name lautet Palast der Italienischen Zivilisation. Heute befindet sich hier die ach-so-coole Hauptniederlassung des italienischen Modehauses Fendi.

DER LETZTE SCHREI VOR 2000 JAHREN

PYRAMIDE DES CAIUS CESTIUS

Wieso steht da eine Pyramide mitten auf Roms Straßen? Sie ist das Ergebnis einer Modewelle im antiken Rom, als alles aus dem antiken Ägypten *in* war. Ein römischer Politiker namens Caius Cestius ließ sich sein Grabmal nach der damals neuesten Mode bauen. Um den Schau-mich-an-Effekt noch zu verstärken, war sie früher mit glänzenden Marmorplatten verkleidet.

PYRAMIDE DES CAIUS CESTIUS

BAROCKES ROM

BORROMINIS PERSPEKTIVE

Im 17. Jahrhundert standen die Römer auf Barock, ein dramatischer, aufregender Stil mit cleveren Perspektiven und dekorativen Schnörkeln. In Rom sind vor allem Bernini (s. Seite 19) und Borromini für den Barock-Stil verantwortlich. Borromini schuf diese berühmte optische Illusion am Palazzo Spada. Der Gang sieht echt lang aus, in Wirklichkeit misst er aber nur 9 m. Hier wird dein Auge getäuscht, denn die Säulen nehmen an Höhe ab und der Gang wird immer schmaler.

TEMPIETTO DI BRAMANTE

AUS DER RENAISSANCE

TEMPIETTO DI BRAMANTE

Die kleine runde Kapelle ist eins der ersten bedeutenden Gebäude aus der Zeit der Renaissance im 15. und 16. Jahrhundert, als Architekten, Bildhauer und Künstler die antiken römischen Gebäude, Statuen und Fresken kopierten, die in der Gegend um Rom gefunden wurden. Die Kapelle hat Säulen, eine Kuppel und Bögen im römischen Stil. Sie steht in einem Kirchhof an der Stelle, wo der Apostel Petrus gekreuzigt worden sein soll.

EIN TEMPEL FÜR ALLE

DAS PANTHEON

Die alten Römer waren die ersten, die wussten, wie man Kuppeln baut. In späteren Jahrhunderten wurden sie von Architekten auf der ganzen Welt kopiert. Das Pantheon ist die älteste noch intakte Kuppel der Welt. Es ist ein Bravourstück cleverer Ingenieure.

VEGGIE-GEDANKEN

Das Gebäude wurde anfangs von einem römischen Promi namens Marcus Agrippa geschaffen. Sein Name ist auf einer Inschrift vorn eingemeißelt. Später wurde es von Kaiser Hadrian wieder aufgebaut. Den soll ein Kürbis auf die Idee gebracht haben.

FÜR GÖTTER GEBAUT

Pantheon bedeutet „alle Götter". Es wurde als Tempel für die Götter Roms gebaut. 609 wurde daraus eine christliche Kirche. Heute ist es die Basilica di Santa Maria ad Martyres. Der berühmte Renaissance-Künstler Raphael hat hier neben italienischen Königen und Königinnen seine letzte Ruhestätte gefunden.

EIN WUNDERWERK!

Die Kuppel war bei ihrer Erschaffung zwischen 118 und 125 das Allerneuste, was die Architektur damals zu bieten hatte. Es sieht so aus, als habe sie keine Stützen. Das stimmt aber nicht, denn die Tragebögen verstecken sich in den Wänden des Pantheons. Die Kuppel besteht aus Gussmauerwerk mit Holzrahmen. Durch die Hohlräume (Kastenfelder) wird ihr Gewicht reduziert. Die Römer waren die ersten, die Beton benutzt haben.

DAS PANTHEON

OCULUS
9 M DURCHMESSER

KUPPEL
43,3 M X 43,3 M

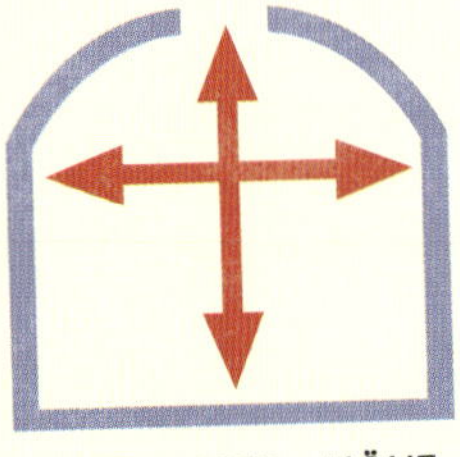

DURCHMESSER = HÖHE

6 M DICKE WÄNDE

DER OCULUS

SÄULEN ERKENNEN

DIE FASSADE DES PANTHEONS HAT GIGANTISCHE SÄULEN, DIE DIE VORHALLE (PORTICO) STÜTZEN. ES SIND KORINTHISCHE SÄULEN. IHREN NAMEN VERDANKEN SIE DER MACHART DES OBEREN SÄULENTEILS (DES KAPITELLS). NACHSTEHEND EIN PAAR TIPPS, WORAN DU DIE SÄULEN AN RÖMISCHEN GEBÄUDEN UNTERSCHEIDEN KANNST:

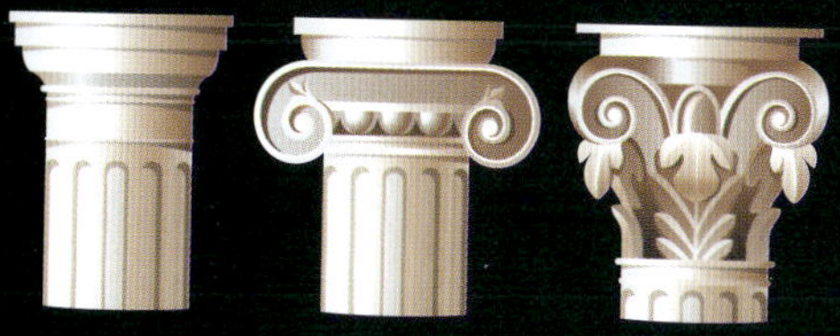

Dorisch

Ionisch

Korinthisch

ALLES ÜBER MARMOR

DIE ALTEN RÖMER STANDEN AUF MARMOR ALS BAUMATERIAL. SPÄTER WURDE DER MARMOR RECYCELT UND ALS DEKO FÜR VIELE KIRCHEN IN DER STADT VERWENDET. MARMOR ENTSTEHT, WENN GESTEIN IM INNEREN EINES VULKANS GEQUETSCHT UND ERHITZT WIRD. JE NACH DEN VERUNREINIGUNGEN IM ERHITZTEN GESTEIN KANN MARMOR UNTERSCHIEDLICHE FARBEN HABEN. HALT EINFACH AUSSCHAU NACH DIESEN BEISPIELEN:

Carrara-Marmor

Pentelischer Marmor

Marmor Verde Antico

Marmor Rosso Antico

ERSTES SHOPPINGCENTER

TRAJANSMÄRKTE

Die alten Römer bauten hohe Häuser mit Geschäften im Erdgeschoss sowie Wohnungen und Büros darüber und dahinter. Dieser große, dreistöckige Halbkreis ist eins der weltweit ersten Shoppingcenter mit Büroräumen und Wohnungen – es ist eine 2000 Jahre alte Version dessen, was du aus unserer modernen Zeit kennst. Heute ist davon aber nur noch eine Ruine übrig.

TRAJANSMÄRKTE

MAXXI

DAS ROM VON HEUTE

MAXXI

In diesem auffälligen modernen Gebäude, das die Stararchitektin Zaha Hadid entworfen hat, ist Roms wichtigstes Museum für zeitgenössische Kunst zuhause. Es sieht futuristisch aus, aber vielleicht hätten die alten Römer die geometrischen Formen, die Säulen und -Treppen ja gemocht. Renaissance- und Barockdesigner hätten wahrscheinlich vieles mit raffinierter Deko verziert!

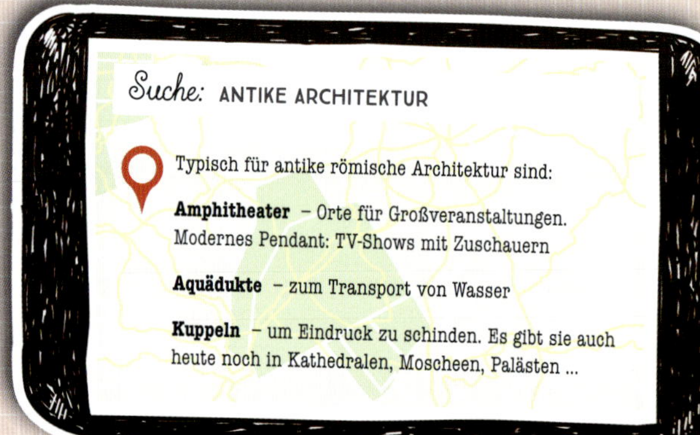

MODERNE TRAUMWELT

MAGICLAND

In Roms Freizeitpark, der nur 20 Minuten vor den Toren der Stadt liegt, ist so einiges los. In der bunten Zauberwelt mit vielen verwunschenen Häusern gibt's eine Elfenschule, das Tollhaus eines Hexenmeisters, ein Geisterschiff und sogar ein geheimnisvolles Schloss, in dem sich eine superschnelle Achterbahn versteckt.

FANTASIEWELT

QUARTIERE COPPEDÈ

Dieser kleine römische Bezirk hat eine ganz eigene märchenhafte Architektur. Dort gibt es Gebäude mit Türmchen, verschlungene Skulpturen, arabische Bögen und gruselige Wasserspeier. Dieser fantasievolle Stil wird *Art Nouveau* genannt und war modern, als der Architekt Gino Coppedè 1919 die Gebäude in diesem Stadtviertel entwarf.

ROMS GESPENSTER

Da Rom so enorm wichtig war und ist, verwundert es nicht, dass hier viele Geister rumlungern sollen. Wetten, dass du dem einen oder anderen auf unserem Nachtspaziergang begegnest? Ob du es bis zu der geheimnisvollen Tür am Ende der Route schaffst, ohne wie Espenlaub zu zittern?

NEROS GEIST

CHIESA DI SANTA MARIA DEL POPOLO

Der böse Kaiser Nero soll an genau der Stelle begraben sein, an der diese Kirche steht. Sein Grab befand sich in der Nähe eines Pappelhains (auf Lateinisch populus) neben einem gespenstischen Nussbaum voller unheimlicher schwarzer Krähen. Als die Anwohner klagten, dass sein Geist mit Hexen und Teufeln um den Nussbaum tanze, ließ der Papst den Baum 1099 fällen und an dieser Stelle eine Kapelle errichten. Aber konnte er Nero so daran hindern, hier rumzuhängen? Manche Leute sagen: Neieieiein!

GEISTERHAFTER HANDABDRUCK

MUSEUM DER HEILIGEN SEELEN IM FEGEFEUER

Das winzige Museum beherbergt Gegenstände, die „gebranded" sein sollen von Seelen der Menschen im Fegefeuer (nach dem katholischen Glauben eine Art Wartezimmer nach dem Tod, ehe man in den Himmel kommt). Als die Sammlung im 19. Jahrhundert zusammengestellt wurde, dachte man, dass die Seelen einige Zeit im Fegefeuer für ihre Sünden büßen müssten. Wenn ihre Lieben auf der Erde aber für sie beteten, würden sie schneller in den Himmel kommen. Daher wurde angenommen, dass einige Seelen zurückkehrten und ihren Handabdruck auf Kleidungsstücken, Tischplatten, Büchern, usw. zurückließen, um ihre Lieben zum Beten zu animieren.

CHIESA DI SANTA MARIA DEL POPOLO

MUSEUM DER HEILIGEN SEELEN IM FEGEFEUER

PONTE SANT'ANGELO

KOMISCHE TABAKKRÜMEL

CASTEL SANT'ANGELO

Der Geist von Mastro Titta, Roms amtlichem Henker von 1796 bis 1865, soll in seinem scharlachroten Umhang in der Gegend rund um die Engelsburg herumgeistern. Manchmal stoppt er Passanten und bietet ihnen eine Prise Schnupftabak an, genau wie früher denen, die zum Tode verurteilt waren. Seinen Umhang und seine Schnupftabakdose befindet sich im Museo Criminologico (s. Seite 38).

KOPFLOS

PONTE SANT'ANGELO

Der kopflose Geist von Beatrice Cenci soll in der Nacht vom 10. auf den 11. September auf der Engelsbrücke herumgeistern. Beatrice und der Rest ihrer Familie wurden hier am Morgen des 11. September 1599 geköpft, nachdem sie zuvor ihren Vater in einem der berühmt-berüchtigtsten Verbrechen im Rom des 16. Jahrhunderts ermordet hatte. Ihr Vater war ein grausamer, widerwärtiger Tyrann. Deshalb waren damals viele der Meinung, dass die Hinrichtungen ungerecht seien. Das Schwert, das für die Enthauptungen benutzt wurde, ist im Museo Criminologico zu sehen.

VIA DEL GOVERNO VECCHIO

PALAZZO DE CUPIS

NICHT ZURÜCKWINKEN!

PALAZZO DE CUPIS

In mondhellen Nächten soll eine Geisterhand am Fenster des Palazzo de Cupis zu sehen sein. Der Palast gehörte früher einer Dame namens Costanza Conti de Cupis, die hier im 17. Jahrhundert lebte. Ihre Hand war so schön, dass ein Künstler ein Modell davon fertigte. Eines Tages sah ein Fremder das Modell und prophezeite, dass Costanza bald ihre Hand verlieren würde. In Angst und Schrecken versetzt, verließ sie das Haus nicht mehr, denn dort konnte ihr ja nichts passieren. Eines Tages aber stach sie sich beim Nähen in den Finger. Ihr Arm entzündete sich durch den Stich ganz schrecklich und man musste ihr die Hand abnehmen. Auch das konnte ihr Leben nicht retten. Sie starb, aber ihre Hand soll noch im Palazzo umhergeistern.

DUMPFE SCHLÄGE IN DER NACHT

VIA DEL GOVERNO VECCHIO 57

In Berichten von Zeugen heißt es, dass 1861 in diesem Haus etwas Sonderbares geschah. Ein dumpfes Aufprallen von Gegenständen war zu hören, die in die Luft und gegen Mauern geworfen wurden. Schließlich gerieten die Eigentümer in Panik und ergriffen die Flucht, aber nicht ohne zuvor ein paar Augenzeugen, darunter Polizisten, die mysteriösen Vorfälle bestätigen zu lassen. War das das Werk von Poltergeistern, den chaotischsten Geistern überhaupt? Aiuto! (Hilfe!)

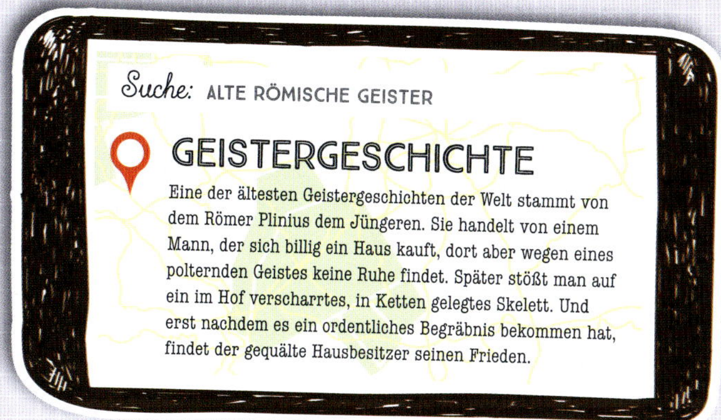

Suche: ALTE RÖMISCHE GEISTER

GEISTERGESCHICHTE

Eine der ältesten Geistergeschichten der Welt stammt von dem Römer Plinius dem Jüngeren. Sie handelt von einem Mann, der sich billig ein Haus kauft, dort aber wegen eines polternden Geistes keine Ruhe findet. Später stößt man auf ein im Hof verscharrtes, in Ketten gelegtes Skelett. Und erst nachdem es ein ordentliches Begräbnis bekommen hat, findet der gequälte Hausbesitzer seinen Frieden.

EINE KUTSCHE VOLLER MÜNZEN

PONTE SISTO

Der Geist von Olimpia Maidalchini, der Schwägerin von Papst Innozenz X., soll wie eine Hexe lachend und mit einer Kiste voller Goldmünzen in einer schwarzen Kutsche über diese Brücke fahren. Im 17. Jahrhundert war sie die Beraterin des Papstes und wurde von den Einheimischen gehasst, die sie spöttisch Pimpaccia (aufgetakelte Frau) nannten. Sie dachten, dass sie sich auf Kosten anderer Leute bereichern würde. Als ihr Beschützer, der Papst, im Sterben lag, wusste sie, dass sie in Gefahr war, haute vor ihren Feinden ab und verließ Rom in einer schwarzen Kutsche. Natürlich nahm sie auch das Schatzkästlein des Papstes mit. Zwei Jahre später starb sie an der Pest.

PIAZZA VITTORIO EMANUELE

KLOPFST DU DORT AN?

PIAZZA VITTORIO EMANUELE

Eine mysteriös aussehende Tür sowie je eine merkwürdige Figur an den Seiten sind die einzigen Überbleibsel einer Villa, in der der Marquis Massimiliano Palombara im 17. Jahrhundert lebte. Dieser Adlige soll einst einen Mann getroffen haben, der ihm erzählte, dass er wisse, wie man normales Metall in Gold verwandeln könne. Der Mann verschwand plötzlich, hinterließ aber ein paar Goldspäne und Anweisungen zur Herstellung von Gold. Die Anweisungen hatte er in Zeichen notiert, die niemand lesen konnte. Der Marquis ließ sie in diese Tür schnitzen in der Hoffnung, dass Passanten sie verstehen und an die Tür klopfen würden, was aber niemand tat. Gelingt es dir vielleicht?

REGISTER

REGISTER